大貫喜也詩集

Ohnuki Yoshiya

新・日本現代詩文庫

131

土曜美術社出版販売

新・日本現代詩文庫　131　大貫喜也詩集　目次

詩篇

抑留詩集『黒龍江附近』（一九五四年）抄

詩集『愛と化身』（一九六一年）抄

第一部

詩篇

抑留詩集『黒龍江附近』（一九五四年）抄

序

　この詩集の著者大貫喜也は、大多数の青年がそうであったように、一枚の赤い紙片によって、わけなく召集され、入隊して間もなく終戦となり、越境してきたソ連兵によってシベリアへ拉致された無惨な運命を、身を以て体験してきた一人である。

　大貫喜也は、帰還後四年、五年と歳月が経過するにつれて、ますます心の傷痕の疼きが深くなるばかりで、誰にも看病されずに、冷い骸となり、蓆に包まれ、恰も物体のように葬り去られたままの同胞の悲しげな表情と、寂しい卒塔婆代用の棒杭が、つねに彼の行手に立ちふさがり、胸を緊め続けてきた。そして、それが止むに止まれない叫びとなって、数十編の詩となって書かれた。

　表現は稚拙ではあるが、私は帰国者の一人である彼が、長い間の想像を絶した痛苦の塊りを詩の形式をとって醱酵せしめたところに、彼のきびしい人間性を見るのである。いま、世界人類が原爆の破滅的脅威の下にさらされている「憤りの時代」に、戦争の実態と、人間の本質を剔抉することに心身を砕いてきた大貫喜也は、まさにこの生涯を通じて記念すべき抑留詩集『黒龍江附近』を以て、第二の生への出発をしたわけである。私はそのことを厳粛に思い、大貫喜也の今後の成長を期待したいと思う。

　私は、いま尚シベリアの曠野に日夜ボロ切れのように使役され、望郷の慕情やる方なき同胞のことを、彼と同じように思い浮かべつつ、この『黒龍江附近』が幸いに同志諸賢によって読まれ、忌憚のない批評が与えられるよう切望しているものである。

昭和二十九年六月

上林猷夫

北国の喫煙者

奥の亦奥の内隠しから
摑み出した乾麺袋の口紐をほどいて
細々《こまごま》にした青い木屑を
彼は親指と人差指でとり出すと
汚れたプラウダ紙の切れ端にのせ
彼は粘着のある特別の唾液を分泌して
瞬く間に飴ん状に包装して仕舞い
最後に彼はわななく手で燐寸を擦ると
彼は宵の色町の
そこはかとない灯びを見詰めるような虚ろな目で
がむしゃらに飛びつく

マホールカ!!*

彼は娼婦の偶像を愛撫している
彼の落ち窪んだ眼窩は次第に弛んで
彼の手は空しく虚空を画き
彼は虚構の柱に凭れ
ぼろ屑のように酔い痴れている

マホールカ!!

マホールカ!!

マホールカ!!

＊　マホールカとはソ連の煙草のことで茎を刻み、ガゼーター（新聞紙）で巻いて吸うもの。

或る家庭で

生の塩魚数匹
油が幾重にも層をなしている野菜スープ
こんがりと焼けた
蜜蜂の巣を断ち切った様な黒パン数切れ
大輪の花の花粉を思わしめる柔かな芋のきんとん
みるからに弾性のあるドラ焼きの餅《ピン》数枚
これだけのものが食卓の上に整然と並べてある
私は胃袋の鳴動をきづかい乍ら
この家のさも大切な饗応の客のように気どり
荒削りの木製のスプーンをもっともらしく上下し
て
片言の単語で料理のことを褒め千切り
いつの間にかそれ等のものをひと切れもなく平ら
げていた

これはノルマー*に対する報酬だったろうか
それ共此の家の感じのよいマダムの
日本人《ヤポンスキー》に対する好意だったろうか

「もっと召上れ《モノーガ・クーシー》」と言う
マダムの笑窪に戸惑い乍ら
私の心の中では
レーニンとスターリンの額面の
難詰するような目が
無限に拡大されていく

＊ ノルマーとは作業基準のことで、到底やれそうもない程のパーセントであった。

渇望

丸太《レース》が無限に転っている製材工場《レサ・ザヴォード》の
広大な敷地の一隅で
もの憂くどんころを動《カタイ》している蟻の群れ
烈しい息切れ　眩暈《めま》い
組の誰かが深い溜息を漏らすと
電気仕掛けの蟻達は一斉に手を休め
しみじみと大空の一点を見詰める
細々《ほそぼそ》と立ち上るボイラー室の煙り
　青空にジット動かない綿雲
蟻達は思い出したように生唾《なまつば》を呑みこむ
　早くやれ《ダワエ》！
早くやれ《ダワエ》！

針を含んだ監督の目の色に
蟻達はふらつく足どりで各々《おのおの》梃子を当てる
　「イヤーサー」
　「イヤーサー」
この世の掛声とは思われないしわがれた声

「青菜に塩」と隊員の哀訴
「監督《ナチヤールニク》　見えず《ネエット》」と責任者《スタラシナ》の返声
いつの間にか流行した小休止の合言葉
製材機も動きを止めている
暫しの深い沈黙《しじま》
蟻達は耳をそばだてて
今日も昼食《アビエタ》のサイレンを待ち焦れている

死の勝関山

○

九月はじめの北満の荒野には
来る日も、来る日も——音もなく
冷気を伴った
大陸性の淫逸な時雨が降りしきる
そして時折の晴れ間には、いとも弱々しい陽光が
脆く崩れ落ちそうな儚い虹を
勝関山の麓に画き出す

○

不完全な陣地で弾雨に曝されること一週間
小銃弾一発の報復もせずにした
屈辱の武装解除
涙と不安の一夜のあとの
任意の俘虜
そして黒河経由で送還してやると云う
勝者の言葉を信頼して
今、北上の奇怪な旅を続けている

○

珍しい鱗雲
鉄条網と機銃の仮収容所《ラーゲリ》を出たのは昨日のこと
小鳥はおろか蝶さえも飛ばない荒寥たる死の曠野
——
桔梗、女郎花、野菊の花等は半咲きのまま
むざんにも蹂み躙じられ
諸処には焼けただれた家屋の残骸が
今尚、凄惨な静寂を続けていて
荒れ果てた庭園には色褪せた紫陽花の花が淋しく
どぶの様な池には家鴨の死骸が浮かび
行く先々に展開する
凹地の無数の塹壕

その側に不規則に積み重ねられた弾薬箱
こうして、二十日前の生々しい記憶に酔い痴れ乍
ら
「欲望」の重い重い背嚢を背負って
陣地爆破の遠音に怯え乍ら歩む
強行軍の足並み

○

三日目
神武屯の夜は虫さえも啼かない
焦臭い夜風が嫋々と野面を撫でて
暗闇の焚火に朦朧と浮かぶ持主のない蕎麦畑の花
折々の小雨に濡れて煌めく銃剣
赤い尾灯を点して低迷する飛行機の音に
戦く心を抑えて転た寝をして居る
階級章を剝奪せられた兵士達

○

土饅頭の上に真新しい十字架の立つ
山、亦山の
進めども、進めども尽きない遥かな道
林立する杖を縫って
チラホラ斃れゆく傷心の兵
一人の不帰の客の哀れな姿が異常な恐怖となって
休憩毎に惜しげもなく捨てられて行く
夥しい食品と衣料品の類
そして遂には背嚢さえも投げうって
這って前進する落伍者の群れ

○

五日目の朝まだき
ひっそり閑とした黒河の町並を通り抜けて
渺茫たる黒龍江の彼方に異郷の町並がみはるかす
頃
遂にその真相は伝達されたのだ
衣類は炎々と天を焦し
蒼白な顔、顔、顔の一つ一つが

いつまでも慟哭を続けていた

深夜の宿舎

悪夢から目醒めた
虚ろな眼差し《まなざ》のうわ面に映ずる
物体の様に眠りほうけている友の
無精ひげに覆われた歪んだ顔
懊悩を彷彿させる数々の寝返り
無気味な余韻をひいて天井裏へと消えて行く
歯ぎしりの音と寝言
不愉快な昨日の幻影の奥に
思いやられる今日の労役
白壁のペーチカは冷え冷えと目に痛く
異様な悪臭と埃は天井の裸灯《あかり》を
霧の夜の外灯のように淡くともらせ
肉体は麻痺しそうな空腹と懶さで動こうともしな
　いが
魂を掻きむしる汽車の遠音とピストンの音に
拭えども、拭えども溢れいずる悔恨の熱涙
それに相槌を打つかの如き玻璃戸の雨粒

葬別

マッチ箱を並べたように
一様な白亜の家が散在している
ブラゴベシチェンスクの町の中を縫うように行く
　一台の馬車
その一行は露人御者、付き添いの日本人
そして、最後の一人は荷台の上に臥せられている
　声なき主

沈みゆく太陽の吐血は彼等の影を軒並みに映し
どの家にも同じように取りつけられた窓
そして、どの窓からも洩れる呪詛

ありなしの風が吹き
漣さえも姿を潜めた黒龍江の
その河沿いの道を柩車は揺れに揺れる
御者の苛立った笞の音に
死体を包んだ蓆は宙に飛び
その下から覗く土色の顔
それを無表情で凝視している戦友

血膿で彩られた空を
一羽のカラスがよろめき
わめき乍ら翔けて行く

註　病院のカマンダ（作業隊）からブラゴベシチェンスクの収容所に廻された時のことで、そこは伝染病のために全滅したとの風説さえ立っていた。

同名異変

仄明りの隈を彩った冬の日の
屋内貯蔵庫に山積された馬鈴薯《カルトーチカ》の山
そして、今その薯を択《よ》り分けるべく
痩せ衰えた繊細な一対の手が
笊の周囲に怠惰に動いて
漂白した塑像の顔の中央から
射るように輝く情炎の碧い目玉

下肢と胸部との間で放蕩の遺児は
片親を求めて慟哭し
呼吸する度に海鼠《なまこ》の様な肉塊がヴヨヴヨと蠢めく

嘗《かつ》て
満々と透明な水を湛えた愛の泉は
枯渇し、僅かに残った泥水に
街の与太者の顔が
異邦人《ヤポンスキー》の穢ない顔が重なり合って映っている

癒えない深傷に対する血の報いを求めて
魔の触手は
薯選別の手を休め
その薯で
自らの運命の賽子《さいころ》を転すべく
執拗に、猪突《ちょとつ》的に
異邦人《ヤポンスキー》の車座の中をまさぐってゆく

斯くて
狭い倉庫の中に展開されたのは

鉄鎖に喘ぐ異邦人《ヤポンスキー》の好奇に輝く目の光芒と
病的な、盲目的な
すでに翻弄され尽した「ナターシャ」と云うロシヤ少女の
燃え熾《さ》かる秋波の交錯

一瞬のうちに
貯蔵庫の中は興奮の坩堝と化し
山なす馬鈴薯《カルトーチカ》の上を
火達磨となってのたうつ
情欲の女隷
また、肉体の滑かさに狂躁する
憑かれた真紅の濁流

その時
——突如
押し潰された様な低い呻きの声が

誰やらの口から洩れて来た
（トルストイ……）
……
（トルストイ……）
（…ああ　彼の画ける天使…　現実の妖婦…）
だが、魔の触手は
黄昏の窓辺で
冷然と
薑持てる白い腕を挙げた……

青い目と黒い目

国営皮革工場の食堂の一角で
黒パンを頬ばっている此の餓鬼の俺を
じっと凝視している
従業員の色褪せた赤のスカート姿
それを下目越しに力なく見返す俺の寂寞《せきばく》の目
発止！
――その一瞬
拡大する俺の瞳孔の奥に映じた
瞬く瑠璃色の貪欲な眼差し
そして、俺の五体を狂おしく駆けずり廻《めぐ》る
枯れた血脈の鼓動
また、渇《かつ》を癒《いや》さんとして絶叫する
荒涼たる砂漠の魂
だが、抱擁することは出来ない
ただ、重々しい無言の愁訴が
俺の肺腑に苦悶の気流を送り込んで行く
　赤いカーテン！
　碧い目！
そこには一つの運命が手を拱いて居る

仲秋

白っぽい道が一筋にのびて居る
村はずれの
泳ぐ様な薄《すすき》の原にとり囲まれた
月冴え渡る材木の上で
祈る様に絃楽器《バラライカ》を弾いて居た青年露人
噫　その切なる愁いの音よ
低く　鋭く
誰の窓辺を揺する突風ぞ！

静かに　遥かに
シベリアの高原の夜は更けて
踊るは青春の残虐な血潮
私語《ささやく》のはキリギリスの告白
淫乱の靄は彼等を吸血鬼と化し
絶え入るような腐敗した肉体の啜り泣きに陶酔する
腕と腕
叢の虫もすだきを止めて
噫　今宵の夢は誰の夢ぞ！

註　コルホーズの附近で露営した時目撃した、青年男女の密会ともいうべき野外ダンス。

射殺線

冷え冷えとした外気を震わせて
――突如
かつて戦場で聞いた恐怖の音響が轟き
労役帰りの数十名の日本人労働者《ラボートニイク》が

一瞬、胸の鼓動を鎮めて立ち竦んで居る目の前に
仲間の一人がもんどり打ってどっと倒れた
然し、誰一人馳けつけて援ける者もなく
雪の上は忽ち大輪の赤い花弁で彩られ
その上を真赤な風船が
飛ぶ様に灰色の雲の中に消えて行った

「立入禁止」と書かれた
トイレ横の雪の立札に気がつき
憎悪と軽蔑とに満ちた
収容所の望楼を見上げて
人々が漸く自我を意識し始めた頃
群衆を押しのけて脱兎の様に接近した小隊長
それに勢いづいて彼を左右から抱きかかえる同僚
苦痛の歯ぎしりをなし
低い途絶えの呻きの声と共に
かかえ手の震動に応える口中の吐血

そして、刻々と蒼ざめてゆく破れた肉体
軍医を呼べ！
軍医を！　軍医だ！
鳥肌の立った顔を真っ青にしてうろたえる大隊長

軍医が検診している間
異常な沈黙が再び皆の上に訪れた
だが、彼のプルスは最早コトリとすらしないのだ

屍室

時刻は黒い氷塊の内部
場所は第九分所、第四棟の第四号室

沈滞した部屋の空気を彩って
蠟燭の炎がしじまに痙攣し

燿《かがや》くは冷え切ってふくらみ、歪んでみえた床の板
下番者の救われた様な面輪の影から
読みとれる恐怖の痕跡
俺は震え乍ら申し送りを受けた
毛布の中の硬直した四個の無機物を

逃亡と見誤られて狙撃された青年
パンを抱えて凍死していた脱走男
骨まで溶け失せた栄養失調の男
下士官の上靴と帯革の鞭《むち》に斃れた者
おお　いとも苛酷な「私刑の刃！」

五分――十分――十五分……
時計ににじむ掌《て》の中の冷たい汗

毛布から顕わに出ている壁色の醜い足
悶絶の間際を思わせる額の皺の翳《かげ》り

艶のない蓬髪の中の白癬
　オヤ　虱！　その途端
俺の背筋を恐ろしく冷たいものが通っていった

隣は病室
そこでは第四期の患者がのたうち
生死の天秤を跨いでいた
母を呼びまくるかすれた声
水を求める喘ぎの声
　ああ、呻きの嵐、地獄の叫び！
俺の歯はガクンガクンとした

ノスタルジヤ

名も知れない黄色な草花の咲いている
早春のブラゴベシチェンスクの岡の辺に

戦友の亡骸を葬って
街並の遥か彼方を見仰ぐれば
今日もまた
黒龍江の上を真白な一連の雲が
悠久の流れに沿って
ゆるやかに流れてゆく

黒ずんだ豊かな流れ
静かに行き交う帆掛舟

対岸の陽炎の丘陵《おか》を見はらせば
二頭牽きの馬車《マーチョ》が軽快に走っている

　　蒼空一杯に沸き立つこの郷愁
　　疼く懐旧の念

私はいつまでもそれ等にみとれていた

安置室

安置室の木卓の上に横たわる
凍結した二体の骸の
胸腹部に長いジグザグ形を刻む
「冒瀆《ぼうとく》」の解剖の糸のライン

仄かな陽光が
低い窓から斜交《はすか》いに射しこんで
膠色の凹凸した縫目や
密着した臀部の
耀く結晶体
縺れた陰部と
頭髪の奇怪な漆黒
ささくれ立った

頬と
脚と
腕の緑青色の肌

ゲルマンの捕虜達の
そして、今また馬車で運ばれて来た
同様な凌辱を受ける
我々の戦友の、同胞の
怒りに燃え、憎しみに満ち
悲運に哭く
成仏なき裸骸

肌寒い陸軍病院内の
鬼気立ちこめる安置室
周囲の名状し難い静寂

生と死の天秤を跨いで

——おだやかな朝
静かな病室——
腎臓を患っている青脹れの隣の男は
まだ寝入っている
起きざまに検温してみる
……微熱の連続
発熱してからかれこれ一週間にもなる
去年の体格検査で二種から三種へ
更に一ヶ月程前の検査には一撃に五種へ
そして、遂に入室を宣言された
入室という殊更に大袈裟な言葉が
張り詰めていた僕の気持を滅入らした
心も体も少しずつ細って行く様な心細い気持が

日増しにつのっていく
だが、上司に辛くあたられ
同僚に済まない顔をして舎内休養をしているより
も
まだこの方が増しだと思った

朝食にドロドロの粥状のオートミルを食べる
窓を開くと野外の新鮮な空気が
さわやかに入って来た
裏庭には四月の柔らかな日射しが
凍てついた地面に照りつけ
ドロの木の蕾も大きく脹んで
春の訪れを告げていた
午後には班長が見舞いに見えた
始めての、そしてただ一人の見舞いの客である
〈軍医さん、大貫は悪いですか〉
〈胸をやられているようだ、入院しなくちゃ……〉
〈まだ若いのに……〉
隣室のひそひそ話が筒抜けに聞える

夕方には体温計が朝よりも五、六分上昇を示した
頭が重く、唇がカサカサに乾いて眩暈《めまい》さえ伴い
呼吸する毎に胸の周囲が
キリを突きさすようにキリキリと痛んだ
病気が長びくにつれ
癒らぬかも知れぬという不安が濃くなって行く
このまま死んで仕舞うのだという心細さも湧いて
来る
寒い冬期間元気に働らいて
これからはあたたかく、仕事も楽になるというの
に
僕は衰弱して死んで行くのだ
今までの入院者で帰って来た者は一人も居ない
シベリアで、血を吐いて

一人寂しく死ぬんだ
などとさまざまなことを思いつめると
口惜し涙がひとりでに頬を伝って落ちる

だが、もう少し生き延びたい
そして故国の土を踏んでみたい
兄、弟達に会い度い
もう一度白い米の御飯を食べてみたい
然し、どの様に身をもがいたとて
やっぱりみなしごの如く
ただ一人で異郷で死ぬのだ
永久にシベリアの土と化して仕舞うのだ
と思うと淋しい人生をひとりで歩んだ自分が
妙にいじらしくなって泣けてくる

ホロホロと毛布をかぶって泣いた　泣いた
もうどうにでもなれと泣いた

可哀想な自分よ
二十年の短い生涯を
囚れの不自由な境遇で死ぬのだ

薄暗くなってからトラックが迎えに来た
防寒の装いで仰向けになったまま
僕は観念して他の患者達と共に
荷台の上で揺られていた
縮まっているので声が出ないのか
それとも不吉な運命を予測してのことか
誰も何も言わない
トラックはミハイロの街並みを通り過ぎ
冷たい星空の野の道を疾走する

深夜の病院

妻子の写真を抱いて淋しく死んで行った
召集兵の妄念が
僕を苦しめて妙に寝つかれない晩
睾丸をつぶした男の呻き声が
幾条ともなく僕の耳朶に重複して
全くやり切れない晩
凍傷でダルマとなった男の
担架姿が目蓋《まぶた》にちらつく
空恐しい晩
——そんな晩
僕は何時も自分の手首を握りしめてみた
そして
「あと幾何《いくばく》なりや」と案ぜられた時に
とめどもなく熱い涙が頬を伝って落ちた
悶えに悶える若き十代の血潮の運行を押さえ
ひんやりとした月光に照らされ乍ら
廊下の片隅のベッドの上で
僕は激しい身震いに襲われていた

ペエチカという監督者

北国の冬の夜を彷彿させるあたたかい名前
今次の戦争で満州へ行き、騎兵軍曹の肩書を持つ
　彼は
軍服の仕立て直しの背広、乗馬ズボン、チョーカ
　ーと
何時も粋な恰好で
柳の笞《しもと》を弄《もてあそ》び、用事はすべて
敵陣を見はるかす素振りで言いつける

彼は親指のつけ根の処に1906と生れ歳の入れ墨
　をなし
銀色の肌、髪、長い睫を持つが故に
ひどく不鮮明な容貌を持ち
裸婦を浮彫りにした銀の指輪を左中指に嵌め
連日の雨で乾草作りが進捗しなかった
その当初、巡視に来た上司に
ムキになって抗弁して居る彼の口には
銀の総入歯が冷たく光って居た

夕餉ともなれば彼はきまって僕達の部屋を訪れ
皆が薯料理とスープに舌鼓を打つのを眺めている
と〝ОНукИ《オオヌキ》〟と彼は僕の名を優しく静かに呼
んでから僕の癖の手真似をしてはよくスープを
　鼻に呑みこませる
お前は汗を流し乍らホンニ良く食べるので
お前の頬はリンゴの様に丸くて血色が良いと云う
　のである
そこで、僕は愈々《いよいよ》ゆで蛸になって、チョット睨む
　と
気の小さい、お人良しの彼は直ぐに瞼を合わせて
　仕舞う
彼の話せる日本語は「武士《サムライ》」と「切腹《ハラキリ》」で
僕が露語で言いつかった用事を果した時に
彼は喜びの余り、僕の頬を骨太の両手で持上げ乍
　ら
「日本人《ヤポンスキー》、有難う《スパシエバ》」を連発した

註　腹切りで有名なのに、終戦直後敗戦を悲しんで、百
数十名の青年将校達が奉天神社前に於いて、自刃し
たのがある。

鶉

梅雨空の晴間から射す　眩ばゆい初夏の陽光に
坦々とした広い採草地の　草々の葉末が　金属を
鏤《ちりば》めた様に光って居る　その野原を　私は大鎌を
担って　テクテク歩いて居た

その時　小灌木の茂みの中から　肝を冷かす羽搏
きの音と共に　一羽の鶉が飛び去った　そして
私の魂は忽然としてそこに吸いつけられた　そこ
には青い斑点のある　楕円形の置土産が　粗雑な
褥の上に　チンマリと四個並んでいた

暫らくの間　ドギマギする胸の鼓動を抑え乍ら
私は自分の貪欲な手をば　上衣の内隠しの中を入
れたり出したりして居た

糠雨が降りそそぐ生温い真夜中の　半睡《まどろみ》の中に聞
いたひよこの繊弱《かよわ》い啼き声　そして　殻を破る
音　母鳥を求める声　私は思わず頰の熱くなるの
を意識し乍ら　両手で腹の上の綿布をまさぐって
みた

相次ぐ元気な歓びの孵化の声　生命を得たのだ！
有り得べからざることが有り得たのだ！　その時
私の心の中では　偶然と予期とが　亦　随喜と不
安とが　稲妻の様に激しく交錯した　私の手先が
雛の柔かな産毛に触れた時　私の五体は強烈な感
動の波にふるえ出し　嬉しさの余り　ただ　熱い
涙がポロポロと　頰を伝って溢れ出た　そして
私は種々な事について考えをめぐらしていた
偶然に齎らされる生命とは？

そして　その結果は?……

身動きもせず　輻湊する産声を聞き乍ら　夜明けを待つ　女囚の様な索漠たる心の奥底に　哀愁をさそう淡いランプの灯陰　隣では友が頻りに寝返りを打つ

物々交換

製材工場への道すがら　僕は胸算用をして居た　懐中の鏡　重ねて着て居る上衣　これで　概ね二瓩程のパンに有りつけると思うと　絶食を課する営倉の恐怖　薄着による寒さの憂い等　そんな一切の思惑などは　瞬く間に　本能の欲求に還元して　胃の襞は執拗に物交を迫った　交換するその場の光景を思っただけでも　僕等の飢えている唾液は　幻想の味覚を偲んで　泉の様に後から後からと　絶え間なく湧出した　日用雑貨品　着替え　普段着　果ては肌着の類までも　何の躊躇《ためら》いもなく一刻の　この飢えたる腹を満たすために一切れのパンと化して行った

既に　親父の形見の胴巻は　製材所の便所の中で　襦袢は積み重ねられて居る　木材の陰で　純毛の袴下は　ボイラー室で　それぞれパンとなり　僕の生命をつないで来た

零落の民

うら枯れの自然の森羅万象が
荒漠たるシベリアの大原野に美しく映えて居る
厳そかな黄昏時
馬車を操った三人の若い露人《ロースキー》が野中の道をのんび

りやって来た
また　一人の作業帰りの同胞が流行歌を口遊《くちずさ》み乍
ら　分岐点の処で　行手の道路上へ飛び出して来
た
露人達は同胞とすれ違う時
同胞の落ちぶれた姿を　さも節穴でも覗く様に眺
めて　嘲《わら》い声を立て乍ら口々に罵った
日本人《ヤポンスキー》！　日本人《ヤポンスキー》！　日本女《マダム》との交接《フルフル》は中々良《ハラシ》か
ったぞ《ヨウ》！
彼等のうちの一人はわざわざ手を挙げて奇矯な恰
好をする
と　彼の同僚も　只追従笑いをし乍ら　至極上機
嫌であった
何とした事だろう　草を刈り乍ら　見ていた私の
身内を　憎悪の針が横ぎり　思わず飛び出して行
って　打擲《ちょうちゃく》したい様な衝動に駆られる　私は彼等
をじっと睨みつけて居るのであるが　彼等は聊か
も気に留めず　盛んに囃したて乍ら過ぎて行く
私は地団駄を踏んで口惜しがる　私は恐しく不安
になって来た
老幼と婦女子のみが取り残された　開拓団の惨事
を思った
　彼等の脳裡には怖え切った　恐怖の故になよ
なよとして居た　幾つもの花が連綿として甦
　って居るのだ！
私は憤激の余り逆上し　嫉妬の余り心の平衡を失
い　その場にヘナヘナと倒れた　すると　かよわ
き者の激しい啜り泣きの音が　救いを求める叫び
声が　白昼夢となって伝わって来た
日本人《ヤポンスキー》！　日本人《ヤポンスキー》！　マダムフルフル　ハラショ
ウ！
此の卑劣な言葉が今迄　幾度聞かされたことか
彼等の逞ましい野獣の様な腕は　明らかに満州よ
り帰還したものだ　彼等の野卑な嘲笑の含みは

弱い者までも征服して来た　不合理な欲望を満たして来た　銃口で総てを蹂躙して来た嘲笑が　勝者のヴェールで　ひた隠しに隠されている　彼等は私の心に拭えない汚点を画き　屈辱の烙印を額に押し当てたまま　広野の彼方へと去って行った　後には寒々とした黄昏の空気が漂って居た

その男は　意外にも開拓団の人であった　私達は偶然の再会に驚き　嬉しさに胸が塞がり　声が潤んだ　私は先刻の怒を忘れて馳け寄り　只懐しく留守宅のことを次から次へと尋問した　彼は憲兵であったが　当時　公用でチチハルに出て居り終戦になったので　そのまま団へ帰ったのだという　彼は　一般引揚者にまじって　ハルピン迄逃げのびたのであるが　不運にも　発覚されて遂に抑留の憂目に会ったのだという　私は　彼から開拓団の消息を聞いた　日暮れになると　毎日毎夜兵隊《サルザート》がやって来て　狼藉を働いた　開拓団の婦女子達は　何時もにぎり飯を腰に提げて置いて　監視者の合図と共に　裏の高粱畠へ逃げのびた　逃げ遅れた娘は銃口で　暗がりへと拉致された　若い娘が一人も姿を見せない時は　彼等は腹立ち紛れに　壁や天井にやたらに発砲して　子供や老人の心胆を寒からしめた　又　その後にはきまって土民共が略奪にやって来た　彼等はもとは附近の忠実な農民であった　その後　日本人は総て男と女とに隔離されて収容された　然し暴力を恐れた娘達の多くは　男装して　男子収容所の中に混って居た

奉天へ向うこととなった

貨物列車に揺られ乍ら　星空を見詰めてサメザメと泣いた　列車が各駅に停車する毎に　警備員《カンボーイ》がガタガタ乗り込んで来て　女を物色した　彼等は引揚者の一人一人の胸をまさぐって歩いた　女達

は悲鳴を上げた　絹をさく様な声と共に　数名の知り合いの婦人達が下車させられた
奉天に着いた
そこで亦新しい情報に接した
兵隊が大挙して　女学校を襲ったと云うので　怒って抗議に行った地元の青年達が　機銃で薙ぎ倒されたと云う話
多くの知人が栄養失調で死んだ　郊外には　墓標が　幾つも幾つも並び立った　男も女も重なり合い抱き合って寝た　私生児が次から次へと生れた　母親は畠へ行って凍てついて居る掘残しの腐れ薯を探しに出かけた　然し嬰児はあっけなく冷たい骸となって行った　物交で僅かばかりの金を得て　町に買物に行った娘は　もう二度と帰っては来なかった　土民達の話ではトラックで何処かへ運び去られたと云うことであった
私は両掌にベットリと油汗をかいて聞いて居た
私も彼も暫く黙って暗闇の野を眺めて居た　もうそれ以上聞く気力がなかった　私も彼も力一杯に路上の石をけった　それが総てであった

汚物処理

シベリアの珍奇な景物の一つは　何と言っても凍てついた汚物である　個々の排泄物が積もり積もって小高い山型をつくり　凍てつく帯氷となる　その高いピラミッドを二人用鋸でひき　斧で倒したという話もある　処理しないで置くと暗がりに厠へ行けば　尻の皮をいためることあり

所内軽作業員のヒョロヒョロした者や
班内休養の一部のものが
引き摺って行く畚《もっこ》の上の
カチカチに凍った土塊の様なもの
黄色い氷塊の様なもの
それ等は幾重にも区切った小さな部屋の
中央の四角の枡から
うず高く盛り上がっている
断面図は模型の峨々たる連峰
作業員が鉄棒《バール》で鶴嘴で
一心不乱に切り崩し
黄層の幾重にも閉ざされた
水槽の結氷を瓦解しては
牛のようにノロノロと塵捨場へ運んで行く
大して臭《にお》いもしなければ解けもせず
スコップで掻き出される汚物の大結塊

作業員は防寒帽とマスクで顔中を覆い
鉄棒を突き刺す毎に顔をそむけ
ときどきマスクを外しては
憂うつそうに顔を顰蹙させ
やたらに唾をピッピッと吐き出す

貨車積み

東空の稜角が乳色にむくみ　それが次第に炸裂し
て
偉大なるものの力が
「暗黒の世界」の幕をするすると剝いでゆく
すると新しい世界が忽然として現われ
そこではすべてのものが夢をまどろんで居るのに
一匹の黒い「経済復興五ヶ年計画」と銘うった大

　百足だけが
ゼイゼイと太い吐息をもらして
巨松をすさまじい音響で呑み込んで居る
百足は数十名の人夫を駆使して食物を運ばせる
彼等は真夜中から叩き起されて仕事を続けている
〝ソラ　ヨイトマケ
　　ヨイトマケ〟
彼等の総てを諦観し切った悲痛の声が
薄闇の沈み切った野面を切り裂いて行く

四辺は益々明確になって来て
瀝青《チャン》色の山麓を「輸送」の長い長い百足が
奇声と共に過ぎようとする
彼等は反射的に
無性に「郷愁」を喚られた様な顔をしてそれを見
　詰め
持病の強烈な錯覚から

　何時もの如く何やらを見留めて手を振る
　「オーイ　みろ《スマトリッチ》　帰国組《ダモイ》だぞ！」
ひどく興奮した仲間の誰やらの絶叫に
彼等は孤島で船舶の通過を認めた時の様に
我も我もと　上衣やタオルを千切れんばかりに振
り
てんでに真黒な胸の空洞に青磁色の灯し火を点す
そして彼等はそれが目の色の違った囚人であれ
或いは仲間の一寸した移動であれ　一向におかま
いなしに
兎も角先方から　何等かの反応のあった時には
暫くの間　生き返った様に活気を呈する
彼等は無我夢中で動く
　彼等はシューバーを脱ぎ　手套《てとう》を脱し
栄養の悪い顔に血の気さえ通わせ
も早涕水《ていすい》をすすり上げようとする者すら居ない

松材が見る見るうちに呑み込まれて
十分に飽食した百足が動き出すと
彼等は生き返った様なほっとした顔をして
隊伍を組んで収容所《ラーゲリ》へと向う
その後には一番鶏が
明け方のひっそりとした静けさを破って鳴きを競
って居る

註　抑留中の辛い仕事に貨車積みがあった。何時も不時
に入ってきた。
そして制限時間内で否応なく積み込ませられた。

倉庫の中で

骸　骸　骸

どちらを向いても
皮を引《ひ》ん剝《む》かれた骸が
枯柴の様に積み重ねられ
干物の様に吊し下げられ
板切れの様に側壁に立て掛けられてある
それ等、夥しき獣類の骸は
或るものは内臓をむしり取られ
或るものは四肢を中断せられ
また、或るものは首を刎られて
恰もミイラの如く
カチカチに凍てついた儘《まま》
大きな倉庫の中にギッシリと貯えられてある

真紅の肉、肋骨の黄色い脂肪
白筋の露わな四肢
然し、それ等はも早メエーとすら啼かずに

静かに、自らの運命に甘んじている様だ
そして、それ等は折からの朝日の直射に
銀色に燦然ときらめき
異常な湿っぽさの漂う屋内には
露人と私の床板を歩む靴音のみが
無気味な音響をかもしている

最後のナホトカ港

——日本人ノ手ニ依ッテ建設開港サレタ
トイワレル　最終集結地「ナホトカ」
デ　船ヲ待ツコト一週間　遂ニ　秋
晴レノ十月二十九日　待チニ待ッタ
乗船ノ喜ビニ接シタ——

（空ハ碧ク晴レ渡ッテイタ　港内ノ渚ハ静カ
デ　遥カナ沖ハ霞ノタメニ模糊トシテイタ）
ヤアー　日本ノ船ダ　祖国ノ船ダ　陸地ヲ目ザシ
テ近ヅイテ来ル　アノサビレタ改造船ハ　正真正
銘ノ祖国ノ船ダ　今度コソ間違イナク国へ帰レル
ゾ　ドコカノ孤島ニ運バレテ　一生涯労働ヲサセ
ラレルッテ　ソンナ馬鹿ナコトガアルモンカ　ア
レヲ見ロ　潮風ニハタメク　船尾ノ輝カシイ旭日
ノ旗ヲ　ヨク見ロ　マタ　碇泊サセヨウトシテ
甲板ヲ駆ケズリ廻ッテイル　船員達ハ　手摺リニ
並ンデ　手ヲ振ッテイル　清ラカナ　美シイ　白
衣ノ天使達ハ　ヨクミロ　ミンナ同胞ダゾ　ヤッ
パリソウダ　何カシラ　ゾクゾクスルモノガ　身
内ノ中カラ　コミ上ゲテ来ル　私モ僚友モ　誰モ
彼モ　大キナ感動ニウチフルエテイル　「永イ間
御苦労様デシタ」ト　労苦ヲネギライ乍ラ　病人
達ニ寄リ添イ　優シク　乗船ノ手助ケヲシテイル

白衣ノ天使達ノ姿ヲ見ルト　二年間ノ　打チ沈ン
デ居タ　赤イ血潮ガ　タギリ立ッテクルノヲ覚エル
荒廃シタ　祖国ハドウナッテイルノカナア　本当
ノコトヲ　知リタイ　故郷ノ人達ハ　アア　家族
ハ　ミンナニ　一刻モ早ク会イタイ

ナホトカノ連中《アクティヴ》ハ「敵前上陸ダ」ト言ッテイタ
ガ　故国ノ人達ハ　職業モナク　食ベルモノモナ
ク　占領軍ノ鞭《シモト》ノモトニ　喘イデ居ルノカモ知レ
ナイ　ヤンキー奴　畜生　若シ　ソレガ事実ナラ
祖国ノ自由ノタメニ　独立ノタメニ　デモデモ
ストデモ　何デモヤッテヤロウ　ソシテ赤旗デモ
筵デモ　何デモ振ッテヤロウ

然シ　オ迎エノミナサン　御苦労様　僕達ヲ輸送
スルタメニ　遥々《ハルバル》　日本海ヲ　航海シテコラレ

タ　懐シノミナサマ　御苦労様　僕達ハ待チマシ
タ　長イト思イマシタ　丸々二年間モ　毎日毎日
骨身ヲケズル様ナ思イデ　長イト思イマシタ　憔
悴シタ　此ノ顔ヲミテ下サイ　食物ト屈辱トニ悩
マサレ続ケタ　此ノ意地汚ナイ目ノ色ヲ　ミテ下
サイ　マタ　私達ノ赤ミガカッタ　ガサツナ心ヲ
モ覗イテミテ下サイ　青年行動隊ニモ　民主突撃
隊ニモ　ドノグループニモ属シマセンデシタガ
ハバロフスク発行ノ　日本人新聞ノ　朱線ヲ加エ
タ「勤労者ノ敵　日本ヲ植民地ト化ス　反動政
府　配船ヲ故意ニ怠ル」ノ記事ヲミタ時ニハ憤
慨シマシタ　口惜シサノ余リ　大声ヲアゲテ　泣
キワメキマシタ　見捨テラレタ様ナ気ガシテ　何
モ彼モ忘レテ　一途ニ憎シミマシタ　ソシテ　毎
日捨鉢ナ気持デ　過ゴシテ参リマシタ

然シ　長ラクノ辛棒ガ報イラレテ　今度コソ　本

当ニ　帰国《ダモイ》出来ルコトニナリマシタ　家ニ着イタラ先ズ　最初ニ　白イ御飯ヲ腹一杯　食ベテミタイト思イマス　餅モ野菜モ　腹一杯ツメテミタイト思イマス　ソシテ　アタタカイ味噌汁ヲ　何杯モ何杯モ啜リタイト思イマス

二年間ハ苦シミノ連続デシタ　生キンガタメノ血ミドロノ闘イデシタ　飢エテハ　塵箱ヲアサリ　腐レタ芋　大根ヲ拾イ集メテハ　飯ゴウデグツグツ煮テ　ムサボル様ニ食ベ　穀類倉庫　精粉工場へ働キニ行ッテハ　バリバリ　下顎ノ痛ム程　生ノ麦粒ヲ　監督ノ目ヲ盗ンデ焼イタ　真黒コゲノ餅《ピン》ヲ　手当リ次第ニ　ガムシャラ詰込ムノデシタ　ソシテ　帰リニハ　カートンキノ底　手袋ノ中　腹巻キ　脚絆　ズボン　物入レ　帽子ノ裏　股下ト　凡ソ考エノ及ブ　アリトアラユル箇所ニ　穀類ヲ隠シ　ソシテ　出門ノ時　厳重ナ検査ヲ受ケマシタガ　何時モ　一、二箇所グライハ　辛ウジテ助カルノデシタ　マタ　農場ノ附近ヲ通過スル時ナドハ　警戒兵ノ威嚇発砲ニモ屈セズ　僕達ハ　人参ノ畠ヲ目ガケテ　一斉ニ散開スルノデシタ

嘗テ　生命ニ対シテ　コレ程　愛着ヲ感ジタコトガアリマシタデショウカ　交戦中ハ　ソレ程　欲シイ生命トハ　思イモヨリマセンデシタノニ　今ハドウデショウ　乞食ヲシテモ　盲目ニナッテモ　達磨ニナッテモ　尚且ツ　帰リタイト願ウ此ノ意欲ハ　ドコカラクルノデショウカ
マタ　警備兵ガ　機銃ヲ構エテ立ッテイル　収容所ノ　望楼ノ下へ　サーチライトヲ浴ビテ　匍匐デ　穀類ヲ盗ミニ行ッタ　僕ノ　アノ糞度胸ハドコカラサズカッタノデショウ　マタ　四月ノ二十九日　帝《ミカド》ノ誕生日ニ　僕達ガ　暴動ヲオコスカ

ラト言ウノデ　収容所　作業場ニ　ソレゾレ　機関銃ヲ据エ　護衛ノ兵スラ増員シテ　機関銃ヲ重ソウニ担ッテイタ　アノ日ノ　モノモノシイ　警戒振リヲシリ目ニ　銃口ノ真下デ「オイ　馬鹿野郎　撃テルナラウッテミロ」ト怒鳴ッテ　胸ヲポント一ツタタイタ　アノ捨鉢ナ気持ハ　亦アノ燃エル様ナ敵愾心ハ　ドコカラ湧イテキタノデショウカ

（愈々　乗船開始　感慨無量　益々　イロイロナ事ガ　過ギ去ッタ二年間ノ出来事ガ堰ヲ切ッタ水ノヨウニ　氾濫シテクル）

出来ソウモナイ仕事ヲ　イツモ強制シタ　憎タラシイ製材工場ノ親父　僕達ガ　街並ヲ通過スル時ノノシリ　投石シタ　野蛮ナ子供達　乏シイ配給ヲ横領シテ　僕達ヲ　塗炭ノ苦シミニ陥シ入レ多クノ戦友ヲ飢ニ　栄養失調ニ　ソシテ　死ニ至ラシメタ　奸悪ナ収容所ノ糧秣係　手当リ次第ニ　死人ヲ解剖シタ　乱暴ナユダヤ系ノ医者　ソレ等　八ツ裂キニシテモ　尚　憎シミ足ラヌ人々ニ対シ　僕達ハ　イツカハ　ソノ罪状ヲ包ミナク　発《アバ》キ出サズニハオカヌダロウ

然シ　国境ト身分ヲ忘レ　共ニ十代ノ　憧レニ酔ッタ　忘レ難キ　ナターシャ　バーニャ　素朴デ善良ナ　ペエチカ　コーリヤ　ニミノチカ　マタ　人種上ノヘダテモナク　打チ解ケテ語リ合ッタ　ソフォーズノ農民　常ニ　僕達ノ悪ヲカバッテ呉レタ　親切ナ警戒兵　夏ノ夕ベニ　民謡ヲ交換シ合ッタ　コルホーズノ乙女達

平穏ナ　ソシテ　建設ノ槌音高キ　クエヴシフノ街並　ブラゴベシチェンスクノ街　シモノフカノ街　ミハイロノ街

毎日通《カヨ》ッタ　製材所　農場　穀倉ナドハ　一際懐

シク　胸ニ甦ッテ来マス
アア　一望千里　漠タルシベリアノ大地ヨ　落陽ノ　トリワケ美シイ　郊外ヨ　ソシテ　吹キサラシノ野辺ニ　丘ニ　囲イモナク　証シモナク　寂シクサマヨエルミ霊《タマ》ヨ　アア　ミナサンコソ　イタマシキ限リデス　アア　ミナサンノ心情ヲ　オ察シ申シ上ゲレバ　断腸ノ思イガ致シマス　トメドナキ嗚咽ガ胸ニ　コミアゲテ来マス　アア　宙ニ迷エル魂魄ヨ　ミナサンヲ　僕達ハ　必ズ迎エニ来マス　何ノ罪モ　トガモナイ　ミナサンヲイツマデモ　此ノ辺土ニ留メルニハ忍ビマセン
アア　英霊ヨ　トツ国ノ土ト化シテハイケマセン　墓標ヲ朽チラシテハイケマセン　ソシテ　霊《ミナ》魂《サン》ハ　僕達ト共ニ帰ッテ下サイ　鷗トナッテ　此ノ船ノ　マストノ上ニ　トマッテ下サイ　ソシテ　故郷ノ空ヘ帰ッテ下サイ　アア　シベリアノ地ニ　ハカナクモ逝ケル　ミ霊《タマ》ヨ　辜《ツミ》ナキミ霊《タマ》ヨ　僕達ハ　皆サンノ御冥福ト極楽浄土ヲ祈念致シ　今　ココニ限リナキ　合掌ヲ捧ゲマス

：　：　：　：　：

　民衆ノ旗　赤旗ハ
　　戦士ノ屍ヲ包ム

……　……　……　……
……　……　……　……

栈橋ガ撤去サレテ
出航十分前ノ興安丸ノ船上デ
僕達ハ「歓ビ」ト「望ミ」トヲ日焼ケノ顔ニミナギラセ
朝靄ノ中デタダ盲目的ニ　歌ヲウタイ続ケル
〈ポオー〉
汽笛ハ二千人ノ深イ感動ヲ伴ッテ

穏ヤカナ海洋ヘト四散シテイク
僕達ハ暫シ憎悪ヲ忘レ感謝ヲ忘レ虚《ウツ》ロナ目デ
ジット晴レ渡ッタ広イ陸地ヲミヤッタ
ソシテ僕達ハ
見送リノ白イハンカチニ手ヲ挙ゲテ答エタ
〈佐様奈良《ドスビダーニヤ》〉ト陸地カラノ声
〈佐様奈良《ドスビダーニヤ》〉ト船ノ上
誰ガ音頭ヲトッタノカ「アカハタ」ト「インタナ
ショナル」ノ
元気ノ良イ歌声ガ
再ビエンジンノ音ヲカキ消シテ港内ニ溢レ
船ハ滑ベル様ニ陸地ヲ離レテイク
　　……………
　　起テ飢エタル者ヨ　今ゾ日ハ近シ
　　　サメヨ我ガハラカラ　暁ハ来ヌ
……………………
……………………………

あとがき

　これはシベリア抑留の詩集である。昭和二十年五月十七日、満州の現地で入隊し、一期の検閲をうける暇もなく、終戦に遇い、しかも、その一週間前に越境したソ連軍に依ってシベリア迄拉致され、まる二年後に祖国の土を踏んだ帰還兵の一人である私が、その二ヶ年の抑留生活の体験を通じて、特に印象に残った事柄を、部分的に詩の形にまとめあげたものである。

　二ヶ年という長い期間、私達は只一つの「光り」を頼りに、あらゆる苦難の道をじっと歩んできた。その「光り」は細く、はかない「帰国《ダモイ》」を待つことであった。私達はどんな惨めな生活をしようとも、何時かは故国の土を踏み、肉親兄弟に相まみえることもあるであろうという一縷の希望のもとに、飢餓と厳寒の中で重労働に耐えてきた。

その間、待ち切れずに幾度脱走を企てたことか。またデマの流布に一切の望みを失って幾度死を決意したことか。しかし、「直ぐ帰れる《スコーラ・ダモイ》」という相手の言葉を信じて、私達はすべて涙を呑んで、一切の屈辱に堪え、血気にはやる己の心を抑圧した。

思えば、その間、私達は実に執拗に「生き抜く術《すべ》」を工夫した。そのためには、恥も外聞もなかった。特に、身体を保持するためには、寸暇を惜んで場所も選ばず横臥した。しかし、遂に数多くの犠牲者を出さしめた。

私はクエヴシフの病院に入院して、死を予期したけれど、幸いに恢復して兎も角「帰国《ダモイ》」のリストに記されることになったのである。

帰還後、四年、五年と歳月が経過するにつれて、抑留中の古い傷が次第に癒えて、跡かたもなくなって行くのに、只一つ何時迄も消え去らない深い——深い心の傷痕がある。それは栄養失調で斃れ、誰一人として親しい同僚に看病されることもなく、冷たい骸となり、蓆に包まれ、恰も物体のように簡単に葬られた多くの同胞が、穴掘り人足である私の心の奥底に、深く太く刻み込んで行ったあの悲しげな表情と、あの寂しい卒塔婆代用の棒杭とである。

こうして書かれた詩のいくつかが、たまたま以前から御昵懇を願っていた、日本未来派の上林猷夫先生のお目に触れ、「シベリア詩集を書いてみたらどうか。」というおすすめがあり、私自身もその気持になり、昭和二十七年の一月から丸一ヶ年間学業の寸暇を惜んで書き蓄えたものである。

この詩集のはじめの「死の勝鬨山」は北満（黒河省孫呉）の終戦直後の荒涼たる状景を書いたものであるが、その他は悉くシベリアに題材を取ったもので、四十数編の中から、勝手に選び出したものであり、作品の配列は作詩の順でなく、抑留当時の行動の順序に並べた。

私を今も常に責めて止まないのは、不幸にして、北方、殊に非戦闘地区ソ連に於いて、労働と飢餓と厳寒と病気のため、空しく異郷に斃れた人々のことである。それ等の霊は、何時迄待っても引き取りはおろか、誰一人として訪れる者もなく、雑草に埋れた棒杭の下で呻き悲しんでいることであろう。私はソ連地区にも、赤十字社の話し合いの上で、速やかに遺骨の発掘、引き取りや供養が行われて霊魂を慰めて欲しいと念ずるものである。また、戦犯者の速かな帰還、減刑の懇請などの運動も同時に起きるよう只管望んでいる。

このもとより拙い詩集を世に送ろうとしてから既に二ヶ年という月日を経過させてしまった。この詩集は、私の処女詩集でもあり、出版上の困難さも勿論であったが、痛苦の時を顧みて、より完全なものにしたいという、厳粛な念願からに外ならなかった。しかし、その真実性を如何程伝え得ることが出来たろうかと怖れている。

大方各位の御高評、御叱正を賜り、悲惨な戦争の様相を少しでも、記録し得るならば、私の望外の喜びとするところである。

最後に、望郷の夢空しく、遂にシベリアの広野に斃れた多くの戦友に対し、心から哀悼を捧げるものである。

本詩集が上梓されるに当り、題名を『黒龍江附近』とつけて頂き、終始御懇篤な激励と助言を惜しまれなかった上林猷夫先生、並びに印刷と装幀の面で御厚意を寄せられた泉沢御夫妻、又、親しく激励してくれた詩友達、資金の面で便宜を図ってくれた栄一叔父に対し、深い感謝の意を表するものである。

昭和二十九年二月七日

大貫喜也

詩集『愛と化身』(一九六一年)抄

第一部

一九五六―一九六〇

白い螺旋と僕

『コ　コ　コ　コッ　コッ』
白い羽根のあるそ奴の悲鳴を聞くと
僕は目を閉じて　思わず両腕の力を弛める
〈だめだ　一思いに　グイグイとやらなくては〉
僕は臆病風に鞭打って　満身の力で　そ奴の胴に
　白い螺旋をグルグルと巻く
そ奴は蒼白な口を開き　細長い舌をダラリと出す
〈どうだ　参ったか　こら　こら　うーん〉

ツータン

『ケ　ケ　ケ　ケッ　ケッ』
〈しまった!　そ奴は天に向かって訴えているの
　だ!〉
一瞬　僕の手はキリストを処刑にした十字架の様
　に汚れて醜く見えた
僕は恐れ戦いた
僕の動悸は矢庭に高鳴り　睾丸はいやが上にも縮
　まる
〈ああ　だめだ　とうてい――〉
僕は自嘲しながら立ち上がりかけた　すると
そこへドヤドヤと大勢の跫音が聞えてきた
「キミーィ　やれないのか　やってやるぜ」
〈ハアァ……〉
彼等はそ奴の足と羽根を太縄で縛り上げ
螺旋をムズと摑んでメスで鋭く切りつけた

ツータン
ツターン
ツターン
ツターン

雪上に糸をひいて落ちる真赤な命滴
そ奴は身動ぎもしない
〈往生際がいいなあ〉
僕は胸に手を当てて秘かに十字を切った
そして　そ奴の命の残りが数滴になった時
断末魔の痙攣が激しく地面を揺がした
〈信仰によるもよらぬも　誅される時に等しく受
　けるこの業苦〉
――そ奴の命滴は絶えた
僕はあらぬ方を向いて　救世主キリストを呪った
しかし　僕の呪詛などにはおかまいもなく
師走の巷には〈ジングルベル〉のメロディーが賑
　やかに流れ
硬ばったそ奴の亡骸の上にも
粉雪はヒヒと降り積もる

紋別

荒削りの未完成で
絶えず何かを追求する
逞しき意欲　倦《う》まず前進
稚拙だが堅実で期待の持てる計画《プラン》
不屈の鉄槌　並立する新建造物
夙夜《しゅくや》に語られる新感覚
敷衍《ふえん》されるペーブメントの上に
焦《こ》げつく未開へのノスタルジア
新興都市紋別

仮住いの者でものうのうと昼寝の出来る街
新旧の思想の入り交った街の人々の表情
落石山《おちし》の麓に輝く
イリュミネーションの十字架は
不滅の古里　こよなき憩いの場
人々の心の核にまで滲みている
二十四時中漂う飽くなき魚臭
無造作に堆積された帆立貝のモザイク
渚を洗う波頭に貪欲の目を剝く鷗《かもめ》の群れ
歓喜と悲哀を交互に齎らす
点綴する夜漁の
無数のオーロラ
疲労と困憊の坩堝の中を駆け回り
灯台の尖頭に突撃する暁の大漁歌
公園の展望台に坐し

波止場を向けば
オホーツクの海は
穏やかな瑠璃色の明鏡
眼下には
街衢《がいく》を徨《さまよ》う
無数の切紙絵のシルエット

巨樹を伐り払い
原生花や高山植物の繁茂する
閑寂な重粘土の地殻に抱かれ
尊厳な大自然の前に跪き
神に柏手《かしわで》し　仏に合掌し
至誠にうったえ　桃源郷を夢み
雄々しく生きるパイオニア達
客土の牽引車は日を徹し
乳の脹った牛は叫び
群なす羊は粛々と移動し

牧場の夕陽は今日も赫い

黄土色の意志

塑像の老農夫の脳裡からプラオの重みが消された
ストーヴの傍に蹲踞る
彼の空転し続ける思考
幾夜も　幾年《いくとせ》も――そうだ
いくら神経を磨滅してみてもすっきりした理念が
　出ないのだ
彼の艶褪せた瞼の裏に縫い付けられた「冷害凶作」
　の忌み字
　　（よそでは岩戸景気だというのに）
「借金平均三十万」という軛《くびき》を付せられて　輓馬
　のように追い立てられる農夫
――いっそ町へ出て労務者にでも

――それとも
総てを否定し屍を望む農夫
その時　彼は呼ばれてよろよろと立ち上がった
ランプの下で夕餉のごしょ芋の湯気が
この家では唯一の命脈のように立ち昇っていた

「お父っつぁ　東側の畑っこさ　もう少し客土す
っがらなあ　弾丸暗渠もすっがらなあ　そして深
土耕さえすれば　芋っこだって今の三倍は楽にと
れるし　借金だって何とか返せるべよ」
〈んだ　若いもんは希望もってんだもなあ　おら
　あも何とかもう一踏ん張りしなくてはなあ〉
表土十五センチのしがないこの土地にどっしり足
　を下ろして
稔り豊かな農園にするのだ
骨をこの地に埋めるのだ
（農夫のどんよりした眼が急に生き生きと輝いて

来た）
『太助よ　べごっこももう二頭ばしふやしてなあ
クローバーもうんと蒔いて　豚と鶏飼って……』
農夫とは断崖の途中の巌に生えた松みたいなもの
だ
地下九十センチという重粘土の上にふんまえて
酪農による理想郷を夢みている
（暫くして　今度は息子が煩悩に囚われだした）
「お父っつぁ　この間の青年学級の農業講座でな
あ　講師の人がいうただ　農業というものは原始
産業だから一番虐げられる職業だってなあ　ほん
とだべがぁ」
『お前　何を心配すんだ　お父っつぁの若い時に
ゃトラクターだの　ハローだの　カルチベータだ
のってなかっただ　みんな鍬一丁でしただ　世の
中あ何んぼ便利になったたって　田圃や畑からとれ
るものを食べていねえものはねえもんだ　政治家
や学者がなんぼえらそうなことをいったって飯食
べていねえものはねえのだ　農は国の本ちゅうっ
てなあ　大切なことは今だって昔だって還りない
よ』
（霜解けの水垂れの音を聞きながら　息子は明る
い表情でこっくり一つ頷いた）

足跡

ここに一通の戸籍抄本がある
それには三十年もの間の独身の時間が克明に記入
　されてある
幾度か
居住地　交友　職業に変遷はあれど
汚穢《おわい》なきを喜ぶべきか

かつて
十五年前
師を哀れみしわれよ
いま　国果ての雪原に立ちて
気位高く孤高に酔う

寒月を胸一杯に吸って
犬の遠吠に憂いを解く
セピアの夜風の冷たさ
故里よ
彼の媚びる様な両掌に労《いた》わられながら
三度振り切った意志のふてぶてしさよ
――凍結された思考の中軸の中では
絶えず忍び哭きする蘊蓄された習慣
然し
「驀進」と銘うったスローガンの靴を履き
「我関せず」の弊衣を纏い

渝《かわ》らざる「毒舌」のフェーンを吐き
ひがな「心の古里《ふるさと》」を闊歩して
時の刻みに逆行すべく
「自由」を溺愛する男

流氷のオホーツク海を徨《さまよ》いながら
何故か恋しい
人跡未踏の白氷の大陸
まで
そこにすら阿呆鳥の真の理想は樹立されない
上を見上げろ！
下を見下ろせ！
左右を見ろ！
前後を！
おお　赤信号だ！
地球の外は？
もう直き若葉が炸裂するさ

世間知らず

必要以上に世間を見聞はすまい
経験もすまい
大人になるまい
出来れば『世間知らず』でいたい
たとえ　どんな風に罵られようとも
初心《うぶ》で　純で　曲《ゆが》みのない感情を抱くことが最上
　だと思っている

年少者の憧れる
大人とは
感情の瑞々《みずみず》しさを失った
理屈ずくめの
何事をも「あたりまえ」の事とし
頭で処理する術《すべ》を心得た
夢も憧れもない
ただ　せかせかと人生を渡っていく
ほんに寂しい孤独の生活だ

たとえ　仲間外しに遭っても
心の鏡を饒舌で曇らせたくない
ゼスチャーで勲章を得るようなことはしたくない
総てを〈ありのまま〉に振る舞って
ありとあらゆる事象に対し
何時も驚異の眼が向けられて
俺は地上最大の倖《しあわ》せもんだ

彫刻師と三十五個の石

わたしはプラットホームの上から

今朝各地から運ばれてきた一群の石を見渡す
石にはそれぞれ一対の**アイ**がある
片方は警備兵の**アイ**であり
もう一方はサーカス小屋にいる観衆の**アイ**だ
彫刻師のわたしには予備知識が必要だ
個々の送付状に目を通したり実物に触れてみたり
石の形状をありとあらゆる角度から確かめなけれ
　ばならない

さあ　いよいよ仕事だ
まず数の点検からだ
　石灰石君
ハイ
彼はオホーツク海の産だ
小柄で常に蒼白な面《つら》をしている
昆布に搾取されたアバタようの痕跡もある
　つぎ**マーブル君**

へえー　ミスター　スカルプター
それは市街地から運ばれてきた石だ
銀行の建造物の余りものだ
ニタニタ嗤っている
野郎め！　意識過剰だなあ
三角状に出っ張っているところをスッパリ削らな
　いと駄目らしい
わたしは威厳を繕って牽制《けんせい》の目を送る
　つぎ**黒曜石君**
ハーイ
山間《やまあい》の開拓地の葱畑から発見された石だ
アイヌの手で土台に使われていたと見えて表面は
　傷んでいる
だが何となく控え目な誠実さが溢れている
うーん　めっけもんだなあ
わたしの期待の目がその石の面に**グイ**と注がれる

三十分程で総ての点検は終わった
わたしは鑿《のみ》を研ぎ澄ます

わたしは刻んでいく
三十五個の石のヘッドに
数　一二三四五六七――
字　あいうえお　かきくけこ――
その他　基礎的なものは何でも刻んでおく
また　わたしは面積の広い石には
歴史の必然性をも小刻みに刻んでおく

「全世界連邦共和国樹立宣言」起草文
「兵」「軍」「戦」という文字の廃止に関する連邦
　議会の採択案
N博士の救世的療法「人体の色素除去に関する臨
　床実験」という論文
エスペラント語など

わたしの練達したテクニックは
一刻も忽《ゆるが》せにせず刻んでいく

丹念に刻んでも
風雨に遇うとすぐ欠け落ちるのがある
こんなのは何度もやり直すことが必要だ
わたしが倒れればわたしの仲間が仕事を続けてく
　れる
九歳もかかって刻んだ浮き彫りの上に
「祝完成　社会有用」のベールを被せる
その墨字の上に
限りなき平和への願いをこめて

第二部
一九五一―一九五五

序幕

髄を蝕む愁いの心から
あてどもなく野を彷徨えど
心の戦きは止まず
自己嫌悪に挑む欲求の
執拗な追憶の縒糸《よりいと》

あの日
偶然の機会に
透視の眼鏡を授けられた
――その瞬間から
ぼくの誇りに満ちた笑いは朽ちて落ち
あの人の無邪気な微笑も消え
友達のお世辞の笑いも遠くなった
ぼくもあの人も沈黙の囚れとなり
覗き見することすら臆するようになった
そして　総てが不可解で
何も知らずにいた時の幸福さを
恋慕《した》わずにはいられなかった
然し　ぼくは笑いのない人をも愛する
あの人もまた笑わざるぼくを慕うであろう
その故に透視の眼鏡をはずす必要があるのだ
剰《あまつさ》え　ぼくもあの人も
ひどい近視になっていなければならないのだ

橘丘の早春

生温かい微風がそよそよと吹き渡る頃

野は隈なき小麦の浅緑に覆われ
畑の縁には黄色いテープを張ったような万作の
　花が
南風のまにまに虚空を泳いでいる
谷間の斜面の去年《こぞ》の笹葉がさわさわと鳴る
蕾の脹んだ桜の枝々が大儀そうに揺れる
木立で囲まれた点在する家からは
役牛の懶《もの》うそうな啼き声が折々聞えて
邸内の釣瓶《つるべ》井戸の附近には
梅と桃の花が紅白の艶美を競い
三月の柔和なる陽光は一片の花びらからさえも
煙のような陽炎を絶間なく発散させる

陽当りの良い縁側では
眩《まぶ》しげに縫い物などをしているくるせの媼《おうな》が昼の
　時報《サイレン》に手を休め
背のびをして股《もも》を叩き始めた頃

煮染《にし》めの匂いを香水のごと発散させながら
料理事をしていた初々しい嫁がやって来て
庭先から夫の働いている野面を愛情の深い目で眺
　める
嫁は落ち着かない挙動で縁側から半身を乗り出す
夫を呼ぼうとしてもうまく声が出ないのだ
しかし　夫は妻の姿をいち早く認めて手を振る
「分かった」という合図なのだ
そして　また嫁は台所へと戻る
媼は息子の野良姿をみようとして眼鏡を外す
手綱《たづな》を牽《ひ》いて真直ぐな畑道を息子がやって来る
濛々《もうもう》たる陽炎のために歩いているのかどうか
胸の辺から下は全く見えない
然し　だんだんと近づいてくる
媼にはたった一人の息子が炎の中の
キリストのように見え
シャカのように見え

不動様のようにも見え
限りなく頼もしく思われるのだ
（川崎市宮崎字槍ヶ崎にて）

夕陽の中で

果てしなく畳々と起伏する新緑の丘陵
その丘陵の彼方に沈みゆく太陽
その陽光をうけ　廃城のように侘しく立つ老朽校
舎

広漠としたグラウンドでは
暗赤色の残陽を全身にうけ
無心にクローバーの花を摘める女児達
鏤められた白い点と柔かいグリーン・ベルトの上
を
素足で歩むと
鉄鎖を解かれたように
「自由」の歓びが足を伝って体中に充つる

〈ほーら　私こんなにたくさん！　両手に一杯
　摘めたわよ〉
〈四つ葉も探してとって置きましょうね〉
幸福に満ち溢れている声色
虚飾のない自然の仕草

摘まれた花は
やがて電灯の下で丹念に編まれ
彼女等の憧れを満たす
素晴らしいネックレスに変わる
今宵　私は見るだろう
彼女等が月の窓辺で
それぞれ夢の国の美しいクイーンとなるのを――

雲雀の亡骸を抱いて

（川崎市宮崎字檜ヶ崎にて）

突然　上空からお前が落ちて来た時
お前の亡骸はまだ温《ぬ》くとかった
私はお前が仮死して居るのではないかと疑った
御饒舌《おしゃべり》であんなにも誇らしげにしていたお前が
大道の上に死骸を晒そうなどとは
夢想だにもしなかったから……

噫　私は何故お前が死ぬ様になったのかは知らな
い！
それにしても　つい先刻までお前は確かに歌をう
たっていた
お前の溌剌《はつらつ》とした「希望の歌」を
お前の愛くるしい姿の連想と共に
私は麦畠に面した窓辺で終日《ひねもす》聞いていた
独り夢心地で聞いていた

おお　気高き自然の讃美者よ！
私はお前がすぐに甦って
再度檜舞台に立つことを望んだ
そして　その時こそ
私の愛するものの歌声として
窓から半身を乗り出して聞く事も出来たろうに
だが　もう駄目だ！　悲しいことに
お前の体は次第に冷たくなって行く

さらば訣別の唾液を！
私はお前の体の温もりのなかにお前の願望を感ず
る
私は決してお前の亡骸を

バスの轍の下や無情な人々の足蹴にはさせない
愛しきものよ　やすらかであれ！
今宵は思い出のあの窓辺で
挽歌を奏でじっとお前を見守って居よう！
涙も溢れるに任せて居ようぞ!!
（川崎市宮崎字槍ヶ崎にて）

望郷

行けども　行けども
だんだら坂の道のりは尽きず
真夏の乾き切った潮風に
雑草も喘ぎを続けている
横浜市の郊外
丘の上の聖地には
「愛《ラブ》」の星をかざした数多の十字架が
闇の夜の道標《ランタン》の如く煌き
燃え立つような緑の芝生の下に
いとも安らかに眠れる御霊《みたま》
庭前は塵一つなく掃き浄められ
手向けの仏花はもの静かに揺らぎ
とりどりの石碑の彫字《メモリアル》が不断の操を囁いている

かつては「平和《ピース》」の使鳩《しきゅう》となり
果しない大洋を渡来して
幾星霜も故国の土を懐かしみながら
遂に聖徒《セント》の職に殉じ
今は永遠の生命に生きる人々

ああ　御魂は翔ける
勲《いさお》しの御魂は翔ける

連絡船の汽笛に乗って
思い遥かな母国の空へ！
思い遥かな母国の空へ！

垣根にはムクゲの白い花が
こぼれるように咲いていた

詩集『眼・アングル』（一九六三年）抄

眼・アングル

世界へ

熱いひとときが花の世界を刻んでいく
秒速よりももっと細かい単位で
他人の魂の争奪で乱された
黄カンナの花房の中を
はたまた不意の闖入者にあわてふためく
黒百合の花房の中を
驚いたことに時には白バラの花房の中を
炎よりも熱いひとときがこれ等の世界を刻んでいく

二度と返らぬときの虚しさを花圃は気づいていな
　いのか
百雷の轟く中で
黒と黄のそして白の花弁よ
だが萎んではならぬ
花粉の剝げた雄蕊のため空間に一ぱい拡がるのだ
大地に根のある限り空間はあなたのもの
膿のふきでる弾痕も時がくれば快癒しよう

黒と黄のそして稀に白の花房の雄蕊よ
汚された歴史を自らの手で更に汚そうとするな
雌蕊の褥に安らかに憩え
花房の世界はいつもあなた自身のもの

（名）

光を憎め

光よ
おれはお前を憎む
おれを獄舎に繋いだのは
光よ　お前だ
おれを盲《めしい》にしたのは
おれを発狂させたのは
おれの惨めな死をはっきりさせたのも
光よ　すべてお前なのだ
おれはお前を怖れる
おれはお前を憎む
光よ
おれは電灯に集う虫のように
地下からお前を求めて這いでる若芽のように

おれは多分に直截的で感覚的で本能的であった
しかるにお前はおれのささやかな悪事を暴《あば》いた
「夜明け」という手段でな
おれはそこでお前の扶持者に摑まった
好奇の目を向ける大衆の前を
光よ　お前はおれを引摺って歩いた
光よ
おれはお前を憎む
お前を憎しむ余りおれはおのれの双の目を抉りとった
だが光よ　お前も執拗な奴だ
おれは疲れた　おれは狂った
でもおれはお前への呪いを忘れなかった
日夜一心に呪った
雨戸を釘づけにし　黒紙で目張りしたかめの中で
額がやけつく程おれはお前を呪った

それから数日して
おれの家に検視人がやってきた
そこでおれはまたしてもお前の辱しめに遇った
光よ　おれはお前を憎む
お前の詮索好きな目はおれの肉体の秘密をも暴いた
おれが鮫膚であったこともな
今度という今度は
おれはお前のいう通りにならざるを得なかったよ
そしてお前はいった
あくどく強情な奴だった　死人に罪なしというからな望み通りにしてやるよだってさ
おれは望み通りに闇のしじまにほうむられた
だがあれから数年たらずの間におれは粒子に分解されてしまった
やっぱり光はひどい奴だったよ

おれは憎む　光を

白い墓地

地の上の果て
そこに僧侶はいない
だが若者は憧れ　自らの墓標を求めに旅立つ
そこの寂しすぎるところがいいのだ
そこの荒っぽい弔い方がいいのだ
若者はチベットの鳥葬に不思議な魅力を持つ
若者はピラミッドをつくらせたエジプト王の威厳
　に尊敬の念をもつ

地の上の果て
そこは孤独できざな墓場
やんちゃな若者が自らのピラミッドを求めにいく
　ところ
青空に浮いた原始の境に目指す墓地がある
若者はバベルの塔の夢を忘れてはいない
若者は一番高い墓標を選び滑るように入っていく
その中の静けさがいいのだ
その中の冷たさがいいのだ

ジャーナリストよ　記念に刻んだ彫字を消そうと
　するな
家族よ　哭くな　狂ったその手で墓地を掘り返す
　な
勇敢だったその若者にふさわしい墳墓が設置され
　ているのだから

悲話

K青年は赤ん坊のとき唖《おし》だったので乳が十分にもらえずいつも餓死寸前だった
母親の乳を時々父親が盗飲していた

K青年は小学生のとき唖だったのでいくら手を挙げてもあててもらえなかった
担任は近視でいつもマイクを胸のポケットにさしていた

K青年は徴兵検査のとき唖だったのでがたがたにやせていたが甲種合格にされた
検査官はオームだった

K青年は特攻隊選抜のとき唖だったので一番先に選出された
隊長は彼を仔羊と判断してのことだ

K青年は今でも唖のままでスマトラのジャングルの中でひっそり生きている
国民はおろか老齢で子だくさんの母親からも忘れ去られたままで

わしらは神を見た

――ここに一つの真実がある――

教会では祈禱の最中だった
牧師は天井を見つめて十字をきり天にまします我等の神よといった
場内で敬虔な祈りを捧げていた信者達が一斉にア

ーメンといった
その時一人のみすぼらしい男がおずおずと入って
きて空席に腰をおろそうとした
すると牧師の朗読がピタリと止まり慌しく祭壇を
駆けおりる音がした
男は自分の入場が敬虔な祈りの雰囲気を壊したの
かと思って顔を赧くしてうずくまった
牧師は通路を小走りでくると男の前でぴたりと立
ちどまった
男は緊張した面輪でおそるおそる顔をあげた
すると彼の前に喜悦を満面にたたえた牧師が十字
をきり彼に訊《たず》ねた
牧師は彼にあなたは神ですねといった
男はおどろいて吃りながら私はただの旅の者です
前の道路を通っていたら聖なる楽の音が聞えてき
たのでつい入ったまでのことですといった
すると牧師は先程エホバの予言があって実在の神
が見えられるといわれたのです
これから私がいう問に全部イエスと答えられれば
間違いなく神です　さあお答えください
あなたは誰かを深く例えばわが身と同様に愛した
ことがありますか
――イエ　イエス
あなたは虫けらを一度でもその災害から助けたこ
とがありますか
――イエス
あなたは今まで困っている見知らぬ人に陰でお金
や物を恵んだことがありますか
――イエス
あなたは銀行員や商人よりも教育者か牧師に小説
家や戯曲家よりも詩人になることを望みますか
――イエス
あなたは散歩の途上許嫁が野の花を足蹴にした時

ちゅうちょなくたしなめることができますか

――　……

さあどうです旅のお方――

――イエス　イエス

そうですかやっぱりあなたは神です　エホバは信仰上の神で実在の神はあなたですと牧師は喜びに頬を紅潮させていった

牧師は男の困惑には目もくれずに並みいる信者達に向かって一きわ高い声で神がおみえになったと告げた

牧師は男の手を執って祭壇の方へと進んだ

そのあいだ中信者達のうつ拍手が場内一杯に響いていた

牧師は壇上でわれ等の地にいます神のためにといって震える手で十字をきった

信者達はより厳かにアーメンと唱えつつましく頭《こうべ》を垂れた

祈禱が終わって帰路につく信者達の顔はかつてない程の輝きに満ちていた

信者達は家に帰って家族の者に今日神にあったことを誇らしげに語って聞かせるのであった

詩集『小銃と花』（一九八六年）抄

第一部　戦争

塹壕

沸き上がる夏雲の間から
爆音をひびかせて
ミグの編隊が現われると
われ等は一斉に草原を突っ走る

迷路のから壕《ぼり》に
われ等少年兵は
野鼠《やそ》のようにひそむのだが
小銃や背中の電話線リールで宙づりもしばしば

から壕《ぼり》は爆弾が近くに落ちるたびに
黄土色の地層が激しく揺れて
足もとに地崩れを起こす

一波二波三波……
敵機は遠くにまた近くに
執ように攻撃を繰り返す
「これが本当の戦争というものなのか！」
と補充兵の映画助監督が
むっくと立ち上がり
興奮してあたりを見回した

——とその時
編隊のうちの一機が
轟音をたてて急降下してきた
「…………」
だが一瞬のうちにすべては終わっていた

機銃掃射がまるでミシンがけのように
彼の巨体を大地に縫いとっていた

仁王立ちとなった白雲
その中にいま消えて行こうとする敵機の編隊
誰かが小銃を一発発射した
それは彼への弔いのように聞こえた

降伏

一体何としたことなのだろう
決定的なこの瞬間の
身を切られるようなうろたえ振りは
ここに天皇の声はない
だのに無気味な沈潜のあと

狂気のどよめきが
陰湿な地下兵営の中を
幾層にもうねって
強者《つわもの》共の胸を巨大な爪で掻きむしるのだ

兵士達は三々五々額を寄せ合い
号泣し　わめき　呆然自失のあと
うす皮をはぐように
明るいくつろぎの表情が
どの顔にも漂い始めるのだった

あの創世記のような
ゆらめくろうそくの炎の中で
えたいの知れないものにおびえ
かつ異常なほど卑屈になり
わたし達若者は
無念の大合唱の中で

それに抗う気持ちが
ふつふつと沸き立ってくるのを
押え切れないでいた

わたしはひたむきに
何か頼れるものをまさぐっていた
妄想を消し　不安を鎮め
死にたい気持ちを抑え
ひとり隊列を離れ
弾薬の空き箱の中に
そおっと仮面を脱ぎ捨ててきたのだった

第二部　回帰

盲管無情

満蒙開拓青少年義勇軍に、わたしと一緒に参加した同郷のK君が、義勇隊紫陽訓練所から、ソ満国境にある綏芬河《スイフェンヘ》という町の満鉄病院に入院した。

別れてから二ヵ月
死の淵に佇むきみの
命の炎《ほむら》が燃え尽きないうちに
ひと日《ひ》会いに出かけた
天井から吊された透明な輸液瓶の中で
きみの小さな命は
生け簀の魚のように喘ぎ続けていた

下腹部が切り裂かれて
臓腑が見え透いた傷口
膿の排除に
日に三度ガーゼを取り替えるという
小枝のような両腕　簓《ささら》のような胸郭
膝が断崖のように突きでた足――その太股に
毎日打ちこまれる瘢痕
瑠璃色の葉柄《ようへい》は鋼鉄《はがね》となって針先を拒むのだが
身長百四十センチ　体重四十二キロのきみが
僅か二十二キロに　小柄なきみが一層小柄に
そして余病も　ぜいぜいいう喉笛　からむ痰
微熱とラッセル音
時折青白く透きとおった眉間《みけん》に
しけのような翳りを漂わせて
きみは故国の父母のもとへ
いとまごいにでも向かっているのだろうか

凍土も温む陽春五月
陽炎の中に轍《わだち》を残し
ふーっと消えていったきみの馬車
そしてきみの乗った列車の長い汽笛に
心を痛めたぼく等
きみがようやくこの病院にたどりついて
盲腸の手術を受けた時に
きみの体はもはや回復不能なほど衰弱していた
弱冠十五歳　濡れた石炭のようなきみの瞳の
澄んだ網膜に映えるものは
微風《かぜ》にそよぐ楡《にれ》の青葉と
青空を突くギリシャ正教寺院の大伽藍

五日後
異国風建造物の建ち並ぶ
あの静かな丘の街で
きみは小さな木箱に独り閉じこめられてしまった

きみは今どこを彷徨っている?
甃石《しきいし》のあの坂の街か　山間の稲田の村か
きみの抜け殻だけは　玄界灘《なだ》を越えて一万キロの
故郷の山河に返されたのだが

献身

〈カンボジア難民から暴行略奪　○○漁民と○○兵による婦女暴行〉　以上は新聞記事である。

狂乱のシャム湾に思いをはせ　茶の間で　ひとり握りこぶしを突き出していた　とそのとき　ぼくの無意識の螺旋階段を荒々しくかけ登ってくる者がいた　振り向くと　かつて大陸でわれわれを悩ませたあのゴリラだった。
飢えと疲労と恐怖で　魂を喪失した難民達の間を　ゴリラ共のたけだけしい目がなめ回す　母親たちの首に双手を回し　顔にぴったりつけた幼児のおびえた顔と顔　子供達は正面と背後の両面から　父親にすがりつき　息をひそめる　女達は居るだけの子供達を相手かまわずに抱きかかえる　どの大人も喉がカラカラに渇いて声にならない　やがて　恐怖の余り泣きわめく幼児　顔面をこわばらせて　その口を掌《て》でふたぐ母親　土匪や国軍それにホワイトゴリラ達の　入れ替り立ち替りの略奪で　腕時計　鏡　万年筆等の所持品はもうとっくにない　難民達の仮の住いは　不法侵入者によって徹底的に蹂躙された。
ある夜　ゴリラ共はこちらのリーダー格の男を呼びつけて言った〈あの娘《こ》を出せぇ!　さもないと　この建物に火をつけるぞぉ!〉　男かほとんどが乳幼児を連れた家族連れの中に　家族とはぐれて　広野をただ一人で逃げてきた　年の頃二

十二、三歳の娘《むすめ》がいた　ゴリラの視線は　部屋の隅で　人垣に隠れるようにしていたその娘《こ》の全身にピタッと焦点を当てた　石油ランプの仄暗い明かりは　その娘《こ》の大柄な輪郭を浮き立たせ　どこか翳りのあるやさしい顔立を　美しくぼかしていた。

〈早くあの娘《こ》を出せ！　さもないと本当に火をつけるぞ！〉　ゴリラは　舌打ちをして男達を威圧した　ゴリラのギラギラする視線に見すえられて　その娘《こ》は言葉にならない声をあげて気絶した　他の女達は災いが自分の身に及ばないよう床の上を見つめ　ゴリラの顔を見ないようにした　誰もがこの恐怖の時間が早く経過することを念じた

〈さあ　早く　早く！〉　ゴリラはポケットからマッチ箱を取りだして　敷いてあるムシロの端を焦し始めた　リーダーの苦悩は　その時頂点に達した　舌がもつれて　何を言ったのか自分でもよく分からないが　とにかくゴリラの言葉を日本語に訳して　みんなに伝えた　それから　ながぁーいながぁーい沈黙。

「わたし特攻隊員になったつもりで行きます」

その時　蘇生したかのように　身を起こした件《くだん》の娘《むすめ》が　きりっとした声で言った　その一瞬　並み居る女達から太い吐息が一斉に洩れた　ものの三十分も女達はみな息を殺していたのだ　リーダーの引きつった顔面がゆるみ　大粒の涙をポロポロこぼす若妻もいた　その娘《こ》は立ち上がり間際に周囲を見回して「さ・よ・う・な・ら」と　小さな声でひとこと言った　青白い顔に微笑すら浮べて　ふらつく足どりで　ゴリラ共の待ち構える戸外に消えていった　それからまたながぁーいながぁーい沈黙。

こ一時間ほどして　臓器を小犬のように引きずって　その娘《こ》の蒼ざめた亡骸《なきがら》が返ってきた　押さえた指の間から　垣間見るぽっかり開いた空洞

船室の丸窓のようなえぐられた跡からは　すさんだ沖合いが見え　さながら地獄の血の海だ　その海の波間で溺れ死んだ強欲なゴリラ達　絶え間なくヒューヒューと哭く娘《むすめ》の亡骸　呪われた性よ魔性よ　ひとの一番恐れるものがひとであるとは。

御堂の花嫁

奥の院でひときわ目につくのは、紙の花嫁人形が、八十体近く立っていることである。（真壁仁著『みちのく山河行』より）

山門を潜ると、懐しさと艶めかしさが、スポット・ライトのように僕の行く手を包んだ。〈おお、遂にお前も来てくれたか?〉童顔のままの仲間たちが、蒼白の笑みを浮べて、巨大な岩陰から身を躍り出す。その後には、高島田白無垢姿の花嫁達が、顔のないまま、寄り添うように立ち尽す。さぁどうぞわが家へと峨々《がが》たる岩山の石畳を、先に立って案内する新妻と新夫の列。うっ蒼とした杉樹立《こだち》の中を、飛ぶように行く彼等。そのあとから汗をしたたらせ、やっとの思いで、奥の院に辿り着いた時に、さっきまで一緒に攀《よ》じ登っていた花婿達が、立ち昇る香煙と共に一人残らず消え失せていた。驚いて佇む僕の耳に、彼等の声が、蟬時雨のように跳ね返ってきた。〈大陸では戦争で行方不明にされたが、式典を挙げてくれるというので帰ってきたよ〉ここは幽界と現世の接点、宝珠山・立石寺、化生の花嫁達の姿は、人々に何彼《なにか》を懺悔《ざんげ》させる。

故郷の花

この夏故郷を訪ねて
変ったものと
変らないものと
視点が捉えた二つの落差の間《はざま》で
ひらめのように
ぶざまな隻影が行く

小径を少し行くと山際近く
この前と全く同じところで
見覚えのある山百合の
多輪の花を見た

田舎から大都会へ
それも紡績工場へと駆り出され
その頃国民病だった結核で
骨になって帰ってきた
昭和十年代の
私の知っている
多くの娘たち

その娘達の御霊《みたま》のように
山百合の白い花は
おっとりと美しく
気品があって
限りなくきよらかな思い出を
故郷の村落に醸しだしている

山百合は年々一つずつ花の数が増えるという
虚しく故郷に帰った娘達の御霊も
一つずつ齢《よわい》を重ねていることだろうか

（山形県の古里で）

空蟬《うつせみ》

引きも切らずに電車が往復する
夜の有楽町のガード下
そこかしこに屯《たむろ》する弊衣の人影
〈ぼくは都おちでもしようというのに
きみ達は荒漠としたこの大都会の雑踏に
骨を埋めにきたのか〉

若者から老人まで
モクを拾い　金属を回収し　残飯を漁り
廃材で焚火を囲み　車座になり
古きよき時代の思い出にのめりこむ
家路につく人々を乗せた電車が

銀河鉄道さながらに　都心の空間から
高架線を軋ませて下町の方へと疾走してゆく
急に嬰児《みどりご》の泣き声がする
通過する電車の一瞬の窓明かりに
フィルムの齣《こま》のように
浮び上がったのは地面に添い寝の若い女の顔

終電車の尾灯が闇の中にかき消えて
やがてすべてのものが深い眠りに落ち
大都会の息づかいのみが聞える夜のしじまに
きみ達はビルのコンクリートに止まった空蟬《うつせみ》のよ
うに
夜な夜な
哀しい唄を白夜の空に響《ひび》かせるのだ

廃墟

わたしは見たしっかりとこの目で
都市や村落が次々と視界から消え失せて行くのを
怒り狂った暴力　無意味な鉄槌

非情な鉄槌が楔を打ちこむ度に
わたし達の住む美しい地球の
皮膚と肉がめくり上がり
ぱっくり開いた傷口からは
真っ赤な血と黒い膿が瞬時にふきだす

地上に並び立つものは
ことごとくなぎ倒され
赤い舌で灼き尽され
億万の粒子となり
あるものは空中高く吹き上げられ
またあるものは落葉のように地面に拡散される

見よ！　いくつもの黒煙が雷雲のように湧き立つ
　天空を
そして緘黙させられた楽園を
荒涼としたあばたの地上には
何一つ動く気配はなく
恐怖が病魔のようにわたしを冒《おか》す

連綿と打ち続く時間を断ち切ったのは誰か？

覇王達よ！　この一面の塵芥の上に
再び大廈高楼が建ったとしても
所せん砂漠の蜃気楼に過ぎぬではないか

夜になると
あたりには妖気が漂い
死者達の怒髪は天を突き
沛然と涙雨が降り
黄土色の土の死に顔がますます冴えてくる

鳥に託す願い

ひねもすさざ波を聞くような
ものうい日本の日々の中で
母親に背負われている乳児
や父親の太ももにまとわりついている幼児
のつぶらな瞳に視線が向くと
わが思いはいつもつぶれる
脳髄に架った一本の弦
その弦はありなしの微風でさえ
遠い日の悲歌《エレジー》を奏でるのだ

新天地と謳われた
張り子の国家は崩壊し
父母達の夜陰につぐ夜陰の逃避行
行く手に出没する敵兵や暴徒
非情な銃声　狩りたてるのは異国語
甲高い仲間の悲鳴　うめきと絶句
振り向くな　涙を落とすな
蜘蛛の子を散らしたように四散する難民

くる日もくる日も
高粱を齧《かじ》り岩塩を舐め
こも一枚でおびえた夜
襲いくる蚊の大群に露出部分は水疱と化し
ろうそくのようになったゼロ歳の妹は

母親の枯れた乳房に口を当てたまま
ミイラと化した　そして二歳の姉は
母の掌《て》からもぎ取られ途中の民家の軒先に

――その時からその子は固有名詞を奪われ
表現の手段をそして身の証をも奪われ
体以外はすりかえられて
異国の養父母のもとで暮した

この長い年月

手鏡の中の顔は
父母に似ぬ異国風《エキゾチック》な面《マスク》
「日本鬼子《リーベングエズ》」とさげすまれいじめ抜かれて
出生の秘密を知ったその日から
一つのしこりが頑なにまで
その子の心を支配し始めた

その子の血は分水嶺のように
祖国を指向し
思念の矢は標的を求めて
日夜一万キロの山河や海を翔ぶ
この思い焦れて肥大した思念よ
果実のように赤く熟れよ
そして空を渡るつぐみの群れよ
この思いの果実をついばんで行け
祖国日本の土に排出するために
媽媽《マーマ》はどこ？　ああ　媽媽！

詩集『年賀の中の十二支』（一九九一年）抄

第二部　コスモス（宇宙）

狼少年

狼を犬のように従えて
あどけない顔で舌を出し
得意気に胸を張り　ひょう然と
少年は木枯らしの悲しい季節にやってきた
村里の入り口で
少年は聞き違いをした
勘違いをした
見違いをした

義足の足を引きずり
弦月のようにうつむいて
少年は狼のあとから　あえぎあえぎ
吹雪の寂しい夕暮れにもやってきた
村里の入り口で
少年は二度聞き違いをした
二度勘違いをした
二度見違いをした

狼に獲物のように地面を引きずられ
うっとうしい雨の季節に　痛々しい姿で
少年は三度《みたび》村里へやってきた
少年は三度《さんど》目も
聞き違い
勘違い
見違いをしたかどうか

彼の虚ろな双の目は
乳白色に濁って
何一つ映えることはなかった

生きる

何でもやってきた
どこへでものこのこ出かけて行った
故郷のしがらみさえポイと捨て去った
そんな生き方を人は嗤うだろうか

少年のころ
クワの柄を担《かつ》いで大勢で海を渡ったが
戦争にまきこまれてひどい目に遭った
二度と玄界灘からは戻れなかった
国境の外側を耕すのがいけないことだと知ったのは
分別盛りの三十代になってからだ

合理化ではじかれた人達が
どうしてももとの職場にと言って
何年も粘っているという
島崎藤村は「壌《つち》あらば壌にも活《い》きむ」と
ある大学の校歌にうたった

ひとの心は分からぬことが多い
自分の物差しでひとの心を推し量ることは
不遜な奴だと言われかねない
だがひとつのことにこだわることは
信念のあることだと褒められることなのかどうか

生きるとは
自分を活かすことではないのか

第三部　ちりぢりの少年の夏

萌える

カーテンを開くと
わたしの渇いた目が萌え
七色の初々《ういうい》しい顔がじっと視ている
いつも冴えない不機嫌な空が下で
鮮やかなホップ・グリーンの地面が上で
小鳥が不器用に歩き
人々が敏捷に飛び回る
子供達は
珍しいからと季節を食べさせられ
うっすらと季節を着て
季節とたわむれ

季節に撫せられる真昼どき

萌える
かぎろいもなく鬱積が萌える
光と風の競合の中を
苗圃の系列が萌え
銀鱗をひらめかす赤はらの鰓《あぎと》が萌え
巨大な屛風もその裾野から萌え
コロポックルやすだまが
おのれの住み処《すみか》を探すのに忙しい

萌える
わたしの目の中の極光《オーロラ》が

こぶし（辛夷）

ひとは問わない
何故そこに一本の老木があるのかを

こぶし*は律義に咲く
来る年も来る年も
山里の雪解けの道の辺に

村人と日々の挨拶を交わし
入学する児童らや輿入れする娘等を祝い
出郷する若者達を励まし
姥《うば》のように今もそこに厳然と

こぶしは己れの肌に村人達のさまざまな声を刻み
つけてきた
農民達の怒りの声
娘達の嘆きの声
若者がきっと振り向いて
彼方の山頂の社《やしろ》に立てる誓いの言葉を
またときに骨壺を胸に俯《うつむ》く女達の語らざる言葉
を——

樹の空洞の前に佇立して耳を澄ますと
それ等が幾層にも輻湊して語りかけてくる
こぶしはひとの拳《けん》に通じ
赤い実には辛みがあるという
暗い季節から華やかな季節に移ろうときに
白い拳《こぶし》を青い空に点々と突き出して
この高貴な樹はひとに何を教えようというのか

（山形県の古里で）

＊　蕾の形が赤ん坊のこぶしに似ているのが名前の由来
ともいわれる。

土産

殺意への意趣返しではない
こみ上げてくる肉親愛からだ
銀色の鋼《はがね》が左右にキラリと光る
ルーペからプライヤーまで二十九種も付いた万能
　ナイフ
ベルトケースにはコンパスや反射鏡までの
サバイバル道具一式
チョルディ[*1]　チョルディ　父さん蒔いたよ
アルプスの星　エーデルワイスの種子を
ヨーデル[*2]の木霊も聞いたよ
草花に囲まれて凛然《りんぜん》と立つ
お前の笑顔も感応できたよ
ひとりで生きて行く確信の表れか
親でも子でもないと思ったことがないと言ったら
　嘘になる
思春期はまさに地獄なのだから
アルプスの山中でしばし婉然《えんぜん》と開花し
種子となった吾が娘《こ》よ　エーデルワイスよ

日本に無事戻ってから
迷い鳩のようにふらりとやってきた
マッターホルンの絵葉書
モルゲンロートに染まった荒々しい岩肌
寒々とした裾野の万年雪
ヨーロッパ文明の錠剤を飲み
高山の冷涼な空気で身を浄《きよ》めた
エーデルワイスよ　吾が娘よ

父さん懸命に育てているよ　高貴な白　雪の精を

＊1　チョルディ＝呼びかけ。
＊2　ヨーデル＝山のこだまを呼びさますためにうたう歌。

ちりぢりの少年の夏

浅瀬になったので徒歩で中州へ渡ってみた。そこは緑一色の小さな島。コリンゴやアカシアの花が芳香を放ってぼくを誘う。蜂、虻、蝶などの昆虫が、翅音《はおと》をたてて飛び交う。コチ鳥の雛が草むらから出て熱砂の上を逃げまどう。むっとする草いきれ。葦切《よしきり》の甲高い啼き声。たゆたうことなく流れる河の水。その上にまぶしく降りそそぐ陽の光。中程の突き出た石の回りで、さざ波を作り、真珠のように光り輝やく水の生命《いのち》。淵のわずかな深みに集まって、戯れる稚魚の群れ。対岸の薄紅色の花は撫子《なでしこ》だろうか。ときおり視野を截《き》り、水面すれすれに飛ぶ瑠璃色の鳥の影。流れの突き当たるはるか彼方の断崖の上には鳶の旋回。

今日、時はぼくの頭上に止まったままだ。世俗の姿や音はなく、競争心もない。今すぐしなければならないものもなく、食べる心配さえない。今は至福のとき。

何年経っても消えない夏がある。
ひときわ鮮やかに甦る夏がある。
それは心に深くしまわれた水彩画だ。

（旧満州国牡丹江省綏陽県土城子にて）

夕涼み

むせるような夜だった
おとぎの国のような夜だった
湯上がり飛白《かすり》に草履といういでたちだった
路上の礫《こいし》が藁草履《わらぞうり》の足裏をくすぐり
涼風《すずかぜ》がぼくと弟の肌を心地よくなぶるのだった
両側から迫りくる影絵の山々
蛙の合唱が交響楽のように稲田の地底から
沸き上がってくるのだった

少し行くと奥まった一軒の茅屋《ぼうおく》から
二人の姉妹がでてきた
意気が合って会話がはずんだ
子供らしいあどけない話だったように思う

ときおり雲間から洩れる月光が
ふと路傍で見つけたひともとの花のように
姉の白くふくよかな顔の輪郭を
艶やかに映し出した
男五人兄弟に生まれ育ったぼくは
彼女のやさしく甘い語り口に
驚嘆し　憧憬し　いとしくさえ思うのだった
ぼくは時の経つのも忘れてしゃべったが
宵の口は冴えわたる月光とともに更けて行き
その間にも蛍の愛の灯《ひ》がこの山峡《やまかい》の小さな宇宙空間を
幻想的に点綴していた

——それから七年の歳月が彗星のように流れ
ぼくが焦土の故国に
外地からしょんぼり引き揚げてきた時に
その人なら死んだよと聞かされた

彼女は女工に駆《か》り出されて病気になり
異郷の地で荼毘《だび》に付されたともいった

五十年経った今も思い出す
夏の夜のひとときの語らいを
蛙の精にしては静かすぎ
ひとの子にしては優しすぎ
蛍のように灯《ひ》を点し
はかなく消えていったものを――

（山形県の古里で）

寄生木

寄生木《やどりぎ》は愁いの女雛《めびな》
囲いものよの指弾に堪えながら
風の意のままに弄ばれ

宿したのは宿命の子
宿生木は天上天下に隠《かく》れ家《が》のない簪《かんざし》
緑色は愁いの隣室
自分の足が地に着いていないことを恥辱とする
鄙びた簪

寄生木は愁いの鏡
光の誘いのままに艶やかに化粧すれど
猥褻《わいせつ》の伴わない
透明な青空の姿見

赤い花
――バラの花に

赤い花は女王の花

陽気な円舞曲《ワルツ》が鳳凰《おおとり》の間に流れると
衣擦《きぬず》れの雅の音《みやびね》に心ときめく

赤い花は夏の花
太陽の血を貪欲に吸って膨らみ
媚びて紊《みだ》れて放埓《ほうらつ》に身を投げ出す

赤い花は悔悟の花
緋色に染まった帝国の地図が
花びらの上にあぶり出される

赤い花は詩人の花
こめかみから噴き出す血で
おれ達は言葉の絵を画き続ける

宴《うたげ》の森
――穂別町のキャンプ村で

とおい昔
森は雨露をしのぐ住《す》み処《か》だった
食糧を確保する狩り場だった
今は都会暮しの人達が
各地から森のキャンプ場にやってきて
歌い　踊り　心を開いて　ひがな一日おしゃべり
　に打ち興ずるところ

だから森には丸太小屋が似合う
木立は楢　タモ　トチ　白樺のような雑木がよい
生気溢れる緑の樹木に囲まれていると
虫　小鳥　草木　獣　ありとあらゆるもののひそ

やかな息づかいが
小川のせせらぎの一際大きな瀬音に調和して
妙なる音楽となり　蠱惑《こわく》的な匂いさえ漂わせてく
る

燃えろ燃えろよ生命《いのち》！　アルカディア*のこの森で
　このいっ時のために
いま点火された焚火にもまして　激しく　熱く
男も女も燃えさかる炎の魔術にすっかり酔い痴れ
る
何もかも忘れ果て本能だけが鎌首をもたげる
蘇生し充実し切った生命の交歓だ
暮れようとする太陽への巻き返しを図って

焚火を囲んで祝祭を始めると
突如大型の蛾が一匹
うす翠《みどり》色の翅をバタつかせ
性フェロモンをひとり一人に振りかけると
紅蓮《ぐれん》の炎の中に飛びこんで昇天した
森の人《オランウータン》となったぼく等は
凪しもでゴホンゴホン噎《む》せている羆《ひぐま》を見
隣でガツガツ焼肉を食べている
狐や狸を目撃したはずだ

涼風が森の暗闇をかすめ　星空が白み始めたころ
命をかけたいっ時の宴《うたげ》は終わった
地面には死に絶えた時間が長々と横たわり
静寂が濃霧《ガス》となってその上を覆っていた

＊　アルカディア＝ギリシャで、古来から神話や詩にうたわれてきた理想郷の名。

詩集『北の街』（一九九五年）抄

——札幌が好きなあなたへ——

（札幌市と近郊都市）

I

カービングバード

〈札幌のTデパートのベランダで　マガモの親が　五月と八月に二回雛をかえしたという〉

都会は鳥の目には巨きな河だ　そして湖だ
色とりどりの水草が透けて見える真昼どき
ミジンコの群棲する水の中を
やはり色とりどりの熱帯魚が
列をなして行き来する

鳥の目に夜の都会は水郷地帯だ
立ち込める光の海で視点は定まらないが
幾条もの水路《クリーク》が縦横に走り
暗礁は極彩色の怪しげな光を放ち
魚道には黒っぽい魚が列をなし
時に奇声をあげる

デパートの五階で売られていた木彫りの
つがいのマガモが
二階のベランダの植え込みにやってきて
買物客や店員たちのやさしさに見守られながら
十羽の雛をかえした

——そうとしか考えようがないできごと

ワンダーランドを行く
——札幌芸術の森にて

ぼく達は不思議な森に迷いこんだらしい
のどちんこが丸い目をして
木菟《みみずく》のように止まり木にとまっていたり
御影石やおびただしい安山岩が
宇宙への交信のように並んでいたり
両端を切りとられ　黄身を抜かれた卵白が
優雅な白鳥として池のほとりに憩っているからだ

途中からは舌を出した「ベエ助」君が
両手を拡げて案内役を買ってでる
彼は横ばいでスタコラ歩くのだが
誰もあざ嗤う者はいない

丘のふもとに差しかかると
獲物を背負ったアイヌの漢《おとこ》が
道しるべとして突っ立っている
ぼく達はトムとベッキーとなって奥地へ奥地へと
進む
中腹で二羽のふくろうが守護をする墓標群に出会
う
森は一層静けさを漂わせ
無造作に削られた赤えぞ松墓標の柱頭からは
妖しげな幽鬼が
林を突き抜け　青空目がけてほとばしる
ぼく達はひとりひとりその墓標に身を重ね
ゆがんだ表情《かお》を交互にのぞかせて記念撮影となっ
た

登山気分でつい声を出したくなった

ぼく達のだみ声は
作品「こだま」という青銅のほら穴を通って
「風と舞う」二人の女性によってかきまぜられ
「道化師」を完膚なきまでに躍らせる
ここでは超個性的な人物像《ヒーロー》や形象が
めいめい自己顕示をし　ときに挑発し合うが
雑木林の豊かな自然が
何事もおおらかに包みこんでくれる
道すがらスズメ蜂の巣をいくつも発見して
素っとん狂な声を発するトム
東京からきた詩人は
ちっぽけな渓流の縁石になろうとして動かない
あこがれの風景だと言って

大勢のキャラクター達に出会い
さまざまなフォルムの前でその存在を考えてきた
が
もう時間だ　ベエ助君さようなら！　また来るよ

物語

――歓楽街ススキノにて

蛾は灯をめがけて押し寄せてくる
押し寄せるなんて生やさしいものではない
小刻みに翅をばたつかせ　体液を昂進《こうしん》させ
仲間にしか通じない独自の音波を発しながら
群れをなし　室内に雪崩れ込んでくる

押し寄せた蛾は
夕菅《ゆうすげ》のめしべを中心に
花弁の上に楕円形に並んで
代わる代わる蜜の分配を受ける
蜜が蛾の舌先に載ると

たちまち麻薬に変わり
蛾を恍惚状態にさせる

蛾は蜜の量が多すぎると
死ぬことを知りながら
めしべに媚びて
少しでも多くの蜜をもらおうとする
蛾は蟬やコオロギや邯鄲《かんたん》になりすまして
座を盛り上げようと躍起になる
すると　奥の止まり木の九官鳥が
「卑劣なことをするな　捕って食べてしまうぞ」
　と脅す

夜が更けても　蛾たちの饗宴は止まない
色あでやかな光は　屈折して傘をつくり
街の一郭《いっかく》を浮き立たせる
不夜城さながらに………

鳥たち
――大倉山ジャンプ競技場にて

ここはかつて世界中のジャンパー達が
鳥になろうとしたところ

まなこを凝らすと
華やかなトレーニングシャツの選手が
今まさに九〇メートルのシャンツェに滑りだそう
　とする

加速する速度
一本の線にピーンと張りつめた意識
空気摩擦がマッハの域に達した時に
彼の足はふわっと地上を離れた

凍てついた青空に
透明な羽をはばたかせて
つかの間
彼は鳥になったのだ
人類の　あこがれの

周りの木立の声援に押されて
次々に滑降し始める仲間たち
　得意満面のもの
　失墜して消え失せるもの

この目に焼きついている
あの日の
熱いドラマ

五月の小さな鐘
――鈴蘭*の花に

きらめく日射し
満目のみどり野

北の荒れ地に
すんなり立つ
白い鈴の塔は
誰を誘わんとして
透明な音色を振りまくのか
もの悲しいまでに清く
いとしいほどにやさしく

天国へのひとすじの階段は
かくも甘く匂いたち
かくも強く心をかき立てるのか

目ざめた青春《はる》に
誰を呼びこむこともなく
自ら懐妊し果てる
乙女の花

＊北海道の草原に自生する鈴蘭は、札幌市の草花に指定されている。

大通公園

札幌からの帰りの列車の中で、わたしはいつも大通公園に行けなかったことに後ろめたい感じになる。

公園には鳩がいる。よちよち歩きの子供が芝生の上をぎこちなく歩く。象のような目つきで喝采する親たち。乙女等がほかほかの唐黍を頬ばりながら、しなを作って笑いこける。若者が芝生に寝そべっている。中年の男性がロダンの彫刻よりも一層深刻な表情《かお》をして、ベンチの端にぽつねんと坐っている。頭に太陽を反射させてご機嫌な老人が居るかと思うと、地方から来た母娘《ははこ》は大きな紙袋を傍らに置いて、飽きもせず大都会のメカニズムを眺めている。と、その目の前を、政治家を乗せた車が、拡声器をボリューム一杯にあげて通りすぎる。ときに、時計台の鐘の音が、もうお帰りと鳴る。

大通公園には四季の花がある。人生の縮図がある。多くのドラマがある。自由で屈託のない噴水がある。ここでは人々は、いつも自然な仕草になる。

札幌駅から南へ向かう列車の中で、わたしは、
北二条あたりの歩道を歩いているのだ。

れんがの館は星の館
――赤れんが旧庁舎前にて

星を道しるべに
　北の大地を目指した男たちの
荒野の草ぶき小屋で
　気丈に家を守った女たちの

こらえ切れないほどの
苦しみや悲しみが凝縮されて
寡黙になった石だからこそ
わたしの心の痛みとしたい
秘めごとの多くを

ほじくり出して

向き合えば
遠い昔の暮らしが透けて見える
　翁《おきな》や媼《おうな》のような
　一つ一つの石の内側から
　はじけ出る
　切々の言葉………

開拓の末えいの私たち
今こそ
読みとらねばならない
にじみ出す赤れんがの館の歴史を
くみ取らねばならない
漂わす赤れんがの館の気ぐらいを

郭公*

どんな志を持って
遠い南の国から
はるばる
ここ北国の森へ
いちずに飛んできて
春への目覚めの歌を
精一ぱい吹きこむのか
はっとするような声で
〈メェサマセー　メェサマセー〉

おかしみを潤いとするために
神さまは何ものをも
完ぺきには仕立てなかったらしい

日毎さんざめく森の中で
万事こざかしく押しまくり
ひがな歌い暮らす
〈マヌケー　マヌケー
　　　　　オッホー　ホホホ〉

婉然とめかしたて
暑気を呼びこむかのように
朗々と
森の精気をかき立てる　だて者
〈カッコイー　カッコイー
　　　　　オッホー　ホホホ〉

＊ 時に、街の中でさえ姿を見かけ歌声も聞かれるかっこうは、札幌市の野鳥に指定されている。

雪を待ち焦がれる

夜に雪が降って晴れ上がった日の朝。

世の中がすっかり生まれ変わっていた。そこにあるのは真新しい世界。色とりどりの住宅の屋根も、枯れ草の空き地も、遠く薄墨色の山並みも、何もかも一変していた。

そこの点景であるわたしも心が洗われた思いで、走って跳んで、五臓六腑にしみわたる清浄な贈物を、胸のゴム鞠《まり》にいっぱい詰めこんでいた。

霜月《そうげつ》も末になると、札幌ではいつも「健康か安全か」が話題になる。

時雨で濡れた路面がカチカチに凍結させられるころ、街中に舞い上がる微粒の黄塵。

都市砂漠は天をひんしゅくさせ、路面や並木や道筋の家屋を重金属を含んだ泥でまぶし、ひとや飼い犬や飼い猫の健康を損ってきた。文明がもたらした恐るべき公害。

運転者が加害者で同時に被害者だなんて。

スパイクタイヤかスタッドレスタイヤか。

いっそみなさんバスや電車に乗り替えたらどうなの？

それが昨夜自然が恵んでくれた銀色の冷たい吐《と》瀉《しゃ》物で一変した。騒音はとてつもなく大きなカーペットに吸収され、冷たく甘い空気が渦巻いて流れ、ひとも動物も並木さえもが嬉々《きき》としているようだ。

酔い痴れてふと空を見上げると、一羽の灰色の鳩がデパートの屋上の、天井が透けて見えるようなその極みを、鮮かな青に染め抜いて飛んでいた。
自然の清澄な贈りものよ、善意の濾過装置《フィルター》よ、ありがとう！

＊ 平成四年の冬から、スパイクタイヤが札幌市および近郊の都市で規制され、車粉公害は改善された。これはそれ以前の記録である。

星座

——札幌・藻岩山にて

星は見上げるだけのものではなく
高いところから
見おろす星もあるのだ
と知ったことの驚き

闇のはるか彼方
目路《めじ》の果てに拡がる
おびただしい逆さ星

それら魅惑の星座は
真正なものと響き合って
幽かにダイナミックに　密に疎に
豊かな彩りにくま取られ
視野一ぱいにドラマチックに展開する

——と唐突に
いくつかの光の線条《すじ》が平行に流れて
交差し　混交し
ときにゆらめく光の混沌《カオス》
時々刻々　光の海は
思い思いの造形をなして

夜という液体に乱反射する

山頂ちかく
車のカプセルの中で
ひっそり寄り添う若者たちは
虚構の流れ星にしっとりぬれて
どんな星物語を産みだしているのだろうか

失ったものを求めて
――羊ヶ丘展望台にて

時をさかのぼって
古い地層から
いま静かに浮き上がってくる
一枚の絵

描かれているのは
寒地有畜農場の
むきだしの原形

男は狩猟
女は畑を耕し　木の実を採り　山菜を摘み
どの家も敷地を囲い　家畜を放牧し
厩肥《うまやごえ》を畑にすきこみ
秋の夜長――
ほの暗いランプの灯《ひ》の下で
父が童衆《わらし》に読み書きを教え
母が毛糸の帽子やセーターを編み
昔はみんなが大地を相手に暮らしていた

――そして今

こころの渇いた人たちが

石狩の野を見渡せるこの丘にやってきて
それぞれの角度で
プレーリードッグのように突っ立っている

大草原の置き石となった羊の群れ
蒼空《そら》を串刺しにしたポプラ並木
四季折々に変身する唐松《からまつ》
そして残照に胸を焦がす手稲山と
その下に展開する色とりどりの家並《やな》み

やがて少しばかり透明で
風通しのよくなった意識のひだに
ひらめいてくる
天啓のようなひとつの言葉
「ボーイズ　ビー　アンビシャス！*」

＊ 札幌農学校の教授だった米国のウィリアム・クラーク博士が、北海道を去る際、見送りに来た学生達を励ました言葉（青年よ大志を抱け）の英語音。

人生パノラマ
――JR札幌駅にて

ここは大都市の顔　晴れがましくも荘厳な表玄関
大動脈が東西南北に縦横に走っていて
地むかでが巣窟を中心に
ひんぱんに行き交うところ

ひところ
うちひしがれて
ここで未来への門戸を開いたひと
またここからいくたり躍進していったことか
帰らざるひと　帰り得なかったひと

ここはじまりの
決意の
ここは終局の
墳墓の
さまざまな哀《かな》しみ
こもごもの歓びの
果しない夢と希望をのせて
限りない不安と失望をきしませて
長短さまざまな地むかでが
ひたひたと走る

今日も
今この瞬間も………

その振動にぬりこめられた
さまよいゆく魂
たくましき打算

窓辺に展開するパノラマ
遠い日の哀しみを呼び戻す吠え声
ここは人生の
時々刻々の始発
時々刻々の終着

花の星座
——ライラック*の花に

万物がぬくみ　ゆるむ五月
解き放たれたかのように
公園の空間を彩る　あか紫色の花むら

きらびやかに　優雅に
季節の青春の華やぎ
漂うは薫りの旋律

はるかな遠い日
アフガンやカフカスの地に流れた
おびただしい血のしずく
民族や下克上の
たぎり立つ無念さを
地上の星くずに昇華させた
王侯貴族の婦人たち

きらびやかな王朝文明の
いくたびの非命の花は
ジパング日本の　北の自由な大地で
恋の花　友愛の花として
今　におやかにほほ笑んでいる

＊　ライラックはリラともいい、札幌市の花木に指定されている。

靴を磨く

おれは決断するのに四十年を費やした
たった一度きりのこの時のために

「お願いします」
「はい　いらっしゃい」
おれが簡易イスに腰かけて
見下ろす位置にあると
おれとおばあさんの関係は
歴史上の好ましくない関係になるのだ

だから
ここが札幌の街なのか
戦後の有楽町界隈なのか

一瞬分からなくなって
粋な制服の駐留軍《ヤンキー》の姿を求めたりする

あの時は少年もいた　若い女性もいた
だがここではおばあさんとおじいさんばかり
風よけの板壁《ボード》に囲まれ
腰に毛布　麻地の前掛け　廂《ひさし》の大きい帽子に頬《ほお》かむり

カニのように着こんだ彼女らが
舗道で灰色の置物となって
時の流れにじっと抗《あらが》っているのを見ると
「もう　やめて！」と叫びたくなる

彼女らのことを大仰に語るこのおれに
友人の一人がこともなげに言った
「あれで案外金持ちなんだよ」

（札幌駅前通りにて）

札幌の冬

雪虫が微塵のように日だまりの空間を浮遊し始めると
白い季節はアスファルトの地面や
ビルディングの谷間を瞬時に埋め尽くす

終日どんよりとした灰色の空の下
夏の間涼風を誘った街路樹の枝先は
どれも無惨に剪定され　萎縮し
水松《いちい》の常緑は寒空にいよいよ暗く
白樺の樹肌は漂白されていよいよ白く
紙花花《しかばな》となって街を彩る

夏の奢りをたしなめるかのように

藻岩颪《おろし》が猛々しく吠えまくると
小川は窒息したように黙し
豊平川も囁きのオクターブを下げ
ビルディングはその拡張をやめ
街の中のすべてが長い沈黙の底に潜む
どこを振り向いてもスリムな季節の華やかさはな
く
全速力で駆け抜けるメカニズムの側を
防寒具をまとった虚像の群れが
押し黙ったまま
せかせかと行き交う

冬は魔の季節　のろわしい季節
冷酷な死に神が無数の破片となって
勤勉で活動的で功利的な街全体を
真綿のような枷で沈黙させ　封じこめ
生き物たちを燃え残滓《かす》のように睡らせる

だが　今はまた
体の中でウラニウムを爆発させ
熱線のように温くませる
まさに回春に備えるとき

ハテナこれが地下鉄
——平和の象徴を見つけた

大通駅で乗り換えて　東西線から
南北線の南端真駒内駅を目指す

それまでぜんまい仕掛けのもぐらのように
地の底をごうごう走っていた電車が
七つ目の澄川駅を過ぎたあたりから
突如　明るい地上に躍り出て

ごく普通の電車に早変わりする

　沿線には軒先を並べた家屋の連なり
　遠くには藻岩山の緑の借景

〈オヤ?〉と思っているうちに
「自衛隊前」駅で止まる

視野一ぱいに飛びこんでくるのは
有刺鉄線に囲繞された眼下の広大な基地

　あからさまな宿舎や施設棟
　砲身をシートで覆った車体の列
　隊員を乗せて動き回るカーキ色のジープ

〈どういうことなのだろう?〉

北の街

甜菜《ビート》のようにさらっと甘く
木彫の素描《デッサン》のように粗けずりで
玉ねぎ畑から揮発する硫化アリルの涙をせきあげ
て
虫食いリンゴの頬のように健康で
文明の切れ股の妍《けん》を競う　森の妖精たち

開放は美徳か
烈火は不幸と隣り合わせでも
荒々しいが
ときに魅力ある想像を産み
速戦的でも
実践的理性は無上の哲学

おまえを好きだという人が多いそうだ
万事おおまかで楽天的で
夕暮れの原っぱのように空漠とした
それでいてどこか丹頂のような気ぐらいをかざし
宵越しの金がなくとも呵々と笑う

不逞のやからよ
日出ずる国の異端者よ
南アメリカが全人類の普遍郷ならば
おぬしは脱瑞穂の国の過程の縮図

いまや仮定の都市は意識の中で閉息し
開拓百年のこの街は太古のあまたの相克の碑《ひ》
面《づら》に　コシャマイン屈服の負い目とポツダム
宣言の屈辱を　月夜の墓石のように拮抗させ
て　綱渡りの曲芸師のように臨場する　矜持
と不安の入り交じった顔で

この街は新しいようで古く
快活のようで重く
掌《て》を拡げるようでそっと閉じ
ときに都の商業主義にかたられ
浮薄は悪疫のようにしょうけつする
そして未開と開化と　健全と退廃と　簡
素と豪華と　必然と偶然と　未知数と既
知数が　至るところで交差し　はげしく
せめぎ合う

暖冬のこの二月
運河のような創成川におもちゃの鴨が漂い
黒々とした雪を掻きわけて　心を閉ざした釣
り人たちが　一筋の鉛色の鏡面に　釣り糸を
垂らしているのを見る

たぶらかしの　文明の　甘い疑似針で釣り上
げられるのは何か

悠久の　変貌のない大地と
奇妙きてれつな建造物の
この不可思議な対比
奇跡の　樹の　水の　花の
この街

II　郊外編

朱の道
――ナナカマドの並木に

この道はひっそりとしているが
華やかな道　いつも通る道
自然が織りなした緞帳の絵柄の中に
珊瑚色の無数の宝石が
逝《ゆ》く秋の透明な冷気に輝き
この街角を彩る

わたしは金縛りにあって歩けない
まばゆく見詰めると
目が染まり　心が　そして体も染まる
敷かれているのは極彩色《ごくさいしき》のもの
靴で踏みつけるのはよそう

強い霜の朝
還りゆくところもなく
堅いアスファルトの上に
金色《こんじき》の余光を放ちつつ
ひと夏　命をささえたものが

静かに　そして気高《けだか》く
ひとひら　またひとひら墜ちてゆく

曇天どき
佇立する影絵たちの
空《くう》に張りつめた指先
その先端に灯った
幾千幾万の豆明かり
〈夏祭りの賑わいが蘇り
　和やかで温かな気配があたりを包む〉

山里ではもう雪の便り
町筋《まちすじ》の　ぬくもりの灯《ひ》よ
きみたちの灯はいつ消えるの

（恵庭市島松にて）

沿線

何度観ても飽きないのは性分か
怪《け》ったいなこの地むかでのような常設館で
三百六十五日
休みなく映画が上映される
（ベルが止んだ）
〈いつものコマがゆっくりと回る〉
同じようで同じでない
めくるめく日々　刻々

低地は畔《あぜ》　高地は畝《うね》　疎林は点景
堰堤《えんてい》や田ん圃の縁《へり》にきらめく黄色い星の群れ
今なお枯れ葉のまといつくどろ柳の木は
枝先もほんのりと明るく

今が花の真っ盛り
カラ松の梢にはカラスの家
そのスカスカの家も　異様な頭も
日毎に塗りこめられる緑の絵の具に
ほどなく掻き消されてしまうだろう

去年の今ごろ
縫いぐるみの子狐どもが
はでに取っ組み合いを演じていた
あのちょっとした空き地には
何度でも目がいく
エキノコックス症汚染の疑いで射殺された後も
その可憐な姿は
赤茶けた土壌《つち》に
旅先のスタンプのように刻印されていて
ゆらめく陽炎の中で哀しげに屈折する

ときおり　齣《せき》の中の見なれたものが消え失せ
突如　不似合いな異物が
網膜に棘のように突きささったりして
ひどく悲しませることもあるが
日々　見なれたもの
刻々　移ろいゆくもの
わたしの沿線

（北広島市にて）

歴史の顔
——ある少女へ

少女はただほほ笑んで会釈する

瓜実顔の端正さで

繊月型《せんげつがた》の眉毛　通った鼻筋
そして抜けるような青白い顔に
いつもアルカイックな
つつましいほほえみをたたえる

通りすぎて
しばらくしてから
わたしは必然的に
いつも　ある偉丈夫を彼女に連想する
　甲冑を着せれば
　凜々しい若武者
　采配を振れば
　つぶらな眸がきらりと光るだろう　と

またその能面のような　﨟長《ろうた》けた顔に
遠い祖先の栄光をかなぐり捨て
新天地を求めて入植した
曽祖父母たちの
艱難辛苦の歳月を
この少女は翳《かげ》の中に受け継いでいる　と

悠久の昔を流れる石狩川の
この由緒ある歴史の町で
系統樹の重たさを
少女は
いま必死に耐えている

（当別町にて）

並木

道沿いの木々が一面に酔い痴《し》れている
高い所から冷やかに見ているぼく

へべれけに酔い痴れている

（当別町にて）

枝先につぶらな橙色《だいだい》の実をつけ
おのれの体を朱色に染めて
このところの冷気にふらついたり
酔い覚めの蒼白な面輪で立ちつくす

その枝で跳ね回る小鳥たちの
絶え間ないおしゃべり
せわしく　もの哀しく
かれらの幼稚園かしら

季節の辛さにひしゃげる木々
はるかな山々の頂きはもう雪
七度《ななたび》かまどにくべても燃えないという
したたかなナナカマドの木は
束の間の秋を濃密にすすって

詩集『黄砂蘇生』（二〇〇二年）抄

Ⅰ

黄砂蘇生*

夜来の強風が窒息した朝
誰だ――くぐり戸を押さえつけているのは？
押し出して顔を出すと
表で四股《しこ》を踏んで突っ張っているのは
人でも妖怪でもない　ひっそり閑の砂だかり
ひんやりした外気を体じゅうに染み込ませて
おぼろな視線の焦点を合わせると
眼下には樹木一本遮るものがない

もえ黄色の大平原が
民家が点在する地平線まで続き
地球の窓から顔を出したばかりの太陽が
塩基《アルカリ》飛白の表土を薄紅色に染めて
生きるものに活力をみなぎらせる

ここは龍江省林甸《りんでん》県王太帽子《ワンターモウズ》地区
洋草《ヤンソウ》が果てしなく地表を覆う低地帯
低地の中の飛び石砂丘が人々の生活圏
土葺《つちぶ》き屋根の奇異　砂土外壁の白さ　日干し煉
瓦　温突床《オンドルとこ》の温《ぬく》もり

春先はゴビ砂漠からの強風が荒れ狂う季節
乾いた砂嵐が三日三晩たけりたち
植えつけたばかりの芋が露出し
とうもろこしや小麦の種子は
覆土がらみ拐かされて行方知れず

太陽はベージュ色の覆面を被せられておぼろげに
外では誰もが目を細め　口を真一文字に結び　息
　を詰める
室内には窓枠から潜入した無機質のおびただしい
　曲者

首《こうべ》をめぐらすと百八十度四方に視野が広がり
自分がコンパスの中心に
遥か南東の湿地は渡り鳥のねぐら
数百羽の鶴がにぎにぎしく憩い
空には雁の群れが鉤になり竿になり

——と冷気を貫くけたたましい音
右手の中国人部落から眼下の低地へ
馬にまたがった牧夫たちが掛け声とむちで
数百頭の牛を草原の深部へと駆り立てて行く
程なく我らの仲間も郵便物の受け渡しに
はるかかなたの駅まで馬車《マーチョ》を走らせることだろう

人生の折節にもたらされる偶然の再会
それは一度葬り去ったドラマを鮮烈によみがえら
　せる

＊　二〇〇一年四月十日、中国からの「黄砂」が突如札幌の上空に現われ、一九四五年中国西部でのある体験が蘇った。

鳩が死んで

日本という母体から引き離されて
玄界灘を渡り　見ず知らずの土地で
野中の一施設に収容されたとき
ぼくらは柵の中の仔羊になった
みんな思い思いに右往左往

乳首恋しさにメーメー啼いてばかりいた

——やがて
緑の絨毯を日毎に厚くしてくれる
うららかな季節
屯懇病《ホームシック》が高じて
仔羊達の一部は狂暴な野良犬に豹変
首かせをほどき　銃や鍬を捨て
鋭い歯牙を同じ竈《かまど》の仲間に向け
夜な夜な略奪した食糧で腹を満たし
叱責されるや本部襲撃という暴挙に出た

そのころぼくは
河原でこっそり一羽の鳩を飼い始めた
〈クックックッ〉と応える鳩に
その姿が意味するものはまだ知らず
動くと虹色に輝くしなやかな首や
くりっとした丸い目に魅せられて
まわりの目を盗んでは会いに行っていた

戦火が日毎に烈しさを極めていた一九四三年
新緑のある夕刻
勇んで河原に行くと
止まり木に鳩の姿が見当たらない
鳩は飼育箱の底につんのめったまま硬直していた

そして季節がほんの少しめくれて
アカシアの花の香りが河原を漂うころ
ついに年長組に初の召集令状が来た
彼らはたぐり舟で仲間と袂を分かったが
それは義勇隊訓練所のほとんどの少年たちが
大蛇《うわばみ》の赤い舌に
次々に呑みこまれる恐怖の前触れだった

楢の木で命をつないだ少年のころ

どこにでも在ることは
どこからもないがしろにされることの裏返し

無い無いづくしの
逆境の重荷を背負わされて
押しつぶされそうな日々の暮らし
異郷で開拓訓練生だった少年のころ

追い立てられる農作業のない冬は
アンペラ敷きの土床に座して手持ち無沙汰
かじかんだ両手をこすり合わせ
羽織った毛布の中で小さな肩をすぼめ
どの少年も思考は直線的で
大脳皮質は食べ物の妄念ではち切れんばかり
焚きつけているまきが先細りになると
裏山から楢の木を失敬してきては
班毎の温突口《オンドルぐち》に放りこんで急場しのぎ

ほどなく土間のたき口では
生木の断末魔の悲鳴が大小の爆竹音となって
がらんどうの宿舎内にはじけ
木片の最期の血涙が逆流し　煙幕となり　床の上へ
そこで太いコブラに変身　天井へ駆け上がりざま
そいつの長い舌先にからみ取られて
みんな目を白黒させ　ひぇー　ひぇー

赤い潤滑油が体内を滞りなく巡るようになると
脳幹にひそんでいた郷愁が息を吹き返し
三々五々　車座になって

飽きもせず幻覚の郷土料理に舌つづみ
こんな時は目やにの童眼が生き生きとして

生きている楢の木片が坑口ではじけて散華する時
ぼくの意識の中に転移したどんぐりの実は
試練の脊柱《せきちゅう》として成長を遂げ
古稀の今も脳裏に突っ立っている

＊　旧満州国牡丹江省綏陽県土城子「青少年義勇隊満鉄紫陽訓練所」での一こま。

良心を下さい

——スミソニアン航空宇宙博物館の「原爆展」中止に。

広島市と長崎市
その両都市の上空をおおった巨大なきのこ雲は
女　子供　老人　病人
戦争反対者　自国民の捕虜たち
そのことごとくをからめ捕る
狂気の　火の投網

立ちこめるほこりと煙の中
まっ赤な炎がどーっと上がり
すべては一瞬の風圧に千切られ
吹き上げられ　そして地面にたたきつけられた

固形物は曲りくねり　建物は骨をあらわにし
焦熱地獄にのたうち　逃げ場を捜し回る裸体の群
れ
焼け跡には黒焦げの死体が累々と重なり
その上をとび交う　青い人だま

廃墟　そして巨大墓地の上に再建された両都市で

は
半世紀を経た今もなお
原爆症に苦しみ
死んでいく人たちの霊魂が
その不本意さに哭く

上空三万フィートからの
殺意の　閃光《ひかり》のやいばを
正義とおっしゃるのですか
罪も科《とが》もない市民の大量虐殺から
目をそらしたいのですか

「罪を犯していない」「汚《けが》れのない」という意味の
ピューリタニズムよ
わたしの中のアメリカよ！

警鐘

きみも　見ただろう
総身粟立ち　顔面蒼白
文明の落とし穴にはまって　救助を待つ
恐怖に引きつった人びとの顔を

マニラ首都圏ケソン市
第二のスモーキーマウンテン・パヤタスで
雨という気まぐれ現象の策動が
巨大ごみ山のくぐり戸を閉じて
唐突にワナにはまった人びと

集積につぐ集積　圧縮につぐ圧縮
ごり押しの反作用で堆積物が緩み

轟音と共に　宝の山の大崩落が始まった
塵芥は電撃的な大津波となって
宝探しでけな気に生きている者たちの居住地を直撃

どっかとのし掛かる重圧で
五百軒の掘っ建て小屋は将棋倒しの憂き目に
住民の絶体絶命の悲鳴はがらくたの壁にかき消され

哀れ　あとには荒涼とした一面の浸食谷

ほどなく　救助隊の起重機が引っぱがした
汚染されて異臭を放つ　平板遺体の数々
立ち昇るメタンガス　どっと群がるハエ
ごみ山の破れた血管から湧出する幾条もの黒い液汁

飽食と浪費に対する自然の報復が始まった
巨大な鉄槌の一撃を食らわせて……

負の遺産

産業革命はひとを物欲の鬼に仕立てた
ひたすら求め　飽きれば
地上に地下に捨てさるおびただしい数のもの

進歩という名のもとに
ひとは更なるものを産み出し
手もちのものはポイ捨てに

標識を外され　あっさり遺棄されたものは
至るところで珍獣と化し
日がな一日悲しげにほえたける

これら野放しにされた珍獣たちが
時空を超え　地域を越えて　うごめき出し
総反撃の手はずをしているとしたら

人間が創造したさまざまな珍獣たちが
ある日　一斉に牙をむき
この地球上を席巻した時に
ひとはどんな悲鳴を上げることか

日に何度も

日に何度も　おれは殺されている
そしてその都度　蘇生しては
また殺されている

利便の代償に
スピードという凶器を突きつけられて
おれは心底恐怖におののき
あたふたと自分を失いかける

直接手をくださなくても
犯人はきみだ
きみの心の中に宿る
功利的で能率万能主義的な触手が
文明という大義名分をかざして
弱い者　幼い者たちの首根っこを
ぬれ手でじわじわ締めあげる
その遣り口は
とっくにお見通しなのだ

どんなに巧妙にカモフラージュしても
いかに正当な理由をつけようとも
殺人者はきみだ

きみを支持し　きみに同調する者どもも
いつか自らのワナにはまることを自覚するがよい

スピードを産みだすハイテクが
平和でこころ静かな人たちの心を
がんじがらめに縛りあげ
ぬるぬるしたその両手で締めあげるとしたら
もう　神の摂理を通り越しているだろう

世界はいま

世界はいま何いろに彩られているのか

紅白の陣取り合戦さながら
東に西に　南に北に
対立する旗をむきになって倒し合う人類

明日は戦車のキャタピラに圧殺されるか
凶暴な砲弾に砕け散るか

性こりもなく繰り返される
異質な者や弱者への圧迫と支配　そして殺りく
鎌首をもたげる優越感
祭りあげられる英雄　あるいは偶像
皮肉なことに
抗争の悪知恵が科学を常に進歩させてきた

世界のどこかで　今日も
憎しみと報復の炎が燃え盛っている
談笑のない冷酷な明かりとなって

地球のわくら葉となりたいのか　人類よ！
世界はいまどこへ向かおうとしているのか

まず自らを悪意の呪縛《じゅばく》から解放しよう
そして憎しみや怒りは小さく
思いやりといたわりは大きく

巨獣は終日おりの中に眠らせて置け

Ⅱ

メキシコ

メキシコ・シティ

意識の中のハリケーンと道化役者が両天秤のよう
に揺らぐ
大気圏の空漠の黄昏どき
ゆすり蚊を乗せたジェット機が一機
天上の星が休息に降り立った
二二四〇メートル高空の
綺羅星の上を滑空している

四角だの　方形だの
だ円形だの　幾何学模様だの
整形不整形　満座からの
ひしめく億万の光源体

それらは蜂鳥太陽神《ウィツィロポチトリ》*の恵みのように
こ惑的な神秘性と高質の芸術性を漂わす文明が
たくまずして織りなす円弧《アーク》放電

空からの来訪者はすべて太陽神の縁者なのか
暗黒の高原の表面に瞬きもせずに点る
神聖な陸星の配列に憑かれて

一心に凝視していると
それぞれの星たちの哀歓物語が透けて見え
ゆすり蚊の繊細な触角を熱くさせる

ゆすり蚊を乗せたジェット機が一機
生きもの達が整然と振りかざす巨大星座の核へ向
けて
いま　真っ正面から突っ込みを開始した

＊　蜂鳥太陽神＝十五世紀初頭、メキシコ古代帝国アス
テカの守護神。

アカプルコ

朝　高層カプセルの窓のカーテンを開けると
掲げられた絵画さながらに
黄金色の極楽浄土が
視野一杯に飛び込んできた

空の移し絵そのままに
眼下にはセルリアン・ブルーの入り江
その砂浜に　寄せては返す戯れの流動態
移動する大蓮の上に鎮座するのは
ウェット・スーツや水着姿の阿弥陀如来たち
まばゆい陽光　熱帯性の木々は淡紅色の花をつけ
極彩色の野鳥が生息するホテルの内庭には
碧く澄み切ったプール
砂丘にはヤシ葺きのパラソル

三方の小高い山を背に
眷族たちの住む白い屋並みが尻上がりに拡がり
町なかには手を献上した従者たちの
太い腕《かいな》のような仙人掌《サボテン》
万人が認め　わたしもそうに違いないと思う

天国の再来都市　アカプルコ

ドナウ河

——スロバキアのブラチスラバ市にて

音速がシベリアの広大な空をひとまたぎして、ヨーロッパの中世の世界に放りこまれた。

どちらを向いても、情緒漂う風変わりな街並み。多彩で異色なおとぎの国。自動車はおろか自転車さえ見当たらず、乗り合い馬車の若い女性御者がほほ笑みかける。見上げると、カトリック教会の重々しい尖塔、ゴシックとバロック風の美しい建築群、郷愁を誘う石畳、丘のいただきにそびえ立つ古城。

広場の赤い花の笑顔、のびのびとした樹々の手に招き入れられて、坂道を下りると、頭の中に正体不明の大河として記銘されていた、ドナウの河畔に立つ。だがそこで目にしたものは、橋梁の通路の壁にはりついたおびただしい言葉の遺骸。〈怨念《おんねん》、告白、願望、称賛、絶望、そして祈念？〉

思想や体制が幾度塗り替えられたことか。だが大河はすべての汚点を呑み下《くだ》し、浄化し、近隣の国々をうるおし、七世紀のサモ朝時代と変わらない眼差しをそそぐ。スラブ民族に、そして旅行者のわたしにも。

短い夏の日をむさぼって、河畔や広場そしてホールに繰り出す大勢の市民たち。夕暮れと共に始まる対岸のかがり火と歌謡ショウ。河面を渡って届く打楽器の音。あれは若者たちが時の流れにこぎ出す出航の合図。

時間はこうもゆったりと流れるものなのか。

民族自決の振り挙げたこぶしを背に回し、歩行者天国のカフェテラスに仲良く乗り合わせて、夜更けまでおしゃべりに打ち興ずる人々。街角で白昼目にした、マンホールから身を乗り出している歩道のゲリラ兵士像との奇妙なコントラスト。

あれはちょっとしたユーモアだよね。

対岸のこちらの仮設ステージでは、民族衣裳姿の楽団員が奏でる吹奏楽に合わせて、スロバキア民族の心を歌で披露する若者たち。夏の夜の熟れた果実をむさぼるかのように、神妙に聴き入る市民たち。異星人のわたしにとって、彼らの節度ある生活態度の何とさわやかなことか。

ドナウ河は風雪を超えて流れ続ける。

裸の地球
——ウルル国立公園にて

裸の地球が見たくて
オーストラリアに旅立った

砂漠のど真ん中で
にょっきり地上にせり上がった
巨大なへそを間近で見たと端

生きている地球を実感した

夕陽を吸って
次第に充血していくへそに
シャンペンの口栓を抜いて
吸血鬼のぼくらは喊声を上げる
明日の征服を祝う祝祭だ

次の朝
恐る恐る裾野から登ってみる
今もアボリジニたちの聖域である
代赭色《たいしゃいろ》の地球のへそは
楕円形で表面に張りがあり　妙に艶《なま》めかしい

だが登るにつれて風が強まり
頂上付近は突風となって
異端者の登頂を拒む

立ちすくんで念仏を唱える間もあらばこそ
神の怒りの一撃に遭い
片ひざを打ちつけて血を吸われる羽目になった

茫漠たる不毛の大地の
壮大なパノラマに恐怖を感じ
一昨日コアラを抱いた時の甘い感情が消し飛んだ
そしてここに生を享け　ここに生きる
アボリジニたちの苛立ちが
俺の全身を駆けめぐった

そこに山があるから

ひとは常に手の届かないものに憧れる
便利になれば不便を懐しみ
開発されれば手つかずの自然に憧れる

だから人は山を崇めそして登る

仲間をいたわり　わが身をも
樹や動物たちをいたわり
ひたすら上へ上へ
一〇〇〇メートルも二〇〇〇メートルも
裾野の第一歩から

加速度文明に背を向け
ひるみを恐れず　魔性を押さえつけ
怠惰な精神と厳しく向き合って
ステップワン　またステップワン
蝸牛二〇センチのこの歩幅で
ジャックのように空への梯子をよじ登るのだ

肩に食いこむのは命の重さ
したたる汗　吹き出す塩
荒い呼気に軟弱な甘えが発散する

六合目
葉末にざわめく涼風　そして冷気
展《ひら》ける平地のパノラマ　沸き上がる歓声に
時の足跡を振り返る
一瞬　雲の流れがと切れて
荘厳な山容が垣間見えた
目に沁みる青空　威厳に満ちた巨体
すべてが原始のように輝いて生き生きとしている
呼気を整え　歯を食いしばって
壮大な宇宙の点景となるために
行く手の空の壁を突き抜けるのだ
強風　そして濃霧も恐れずに
三角点《ゴール》を目指して

（羊蹄山〈一八九三メートル〉に登山して）

＊　題は英国ケンブリッジ大の講師、ジョージ・マロリーの言葉として伝えられている「そこに山があるからだ」より。

人生とは

人生とは決断につぐ決断の
危うい積み木

小さなことから大きなことまで
来る日も来る日も

ぎりぎりまで延ばし考えあぐねて
最後にえっままよっと
サイコロを一つの方向に投げつける

右へ行けば地獄
左へ行けば極楽
と図式のようにはいかない

潰えかけた夢
失いかけた方向を
きわどく修正して

他人《ひと》には見据えられた結末でも
ご本人は濃い霧の中の
手探りの

Ⅲ

泉が涸れ果てるまで
――ヘルメスの蹉跌

1

（愛は同化志向によって醸成され　疑義が生じたときに分離する）

ふとしたはずみで
意識の流れに荒波を生じさせたとき
水面に映える山百合の影絵は
輪郭がゆがみ　分裂して四散する
日常茶飯事にかまけて
心のはざまに生じた亀裂は
補綴《ほてい》が利かず疑義が深まるばかり

唐突に会えば空虚が縮まる分だけ
たがいの感性は表面張力に陥る
浪漫主義者《ロマンチスト》は
前頭葉に糖蜜をつくり
他人もかくあるものだと思いこみ
相手が現実的であったりすると
グリコーゲンは怒りへと結晶する
愛ゆえに悪性腫瘍が発生し
出会いの後ろ姿に鬼を見いだしても
引き潮の緩慢さに目を瞑《つ》むる
「永遠に」ということは
「永遠でない」ということの逆説として
実らなかった愛は
死に花を咲かす
心のすき間に忍びこんで

2

やさしさに飢えた狼は
すり寄ってくる小羊を
食べてしまうのかどうか
「それは良識と煩悩の比重による」
と心理学者たちは声を揃えていう
いったん心奥に彫りこんだ幻影は
原子炉のプルトニウムのように
日毎増殖を重ねるが
パトス的な愛は真っ赤に燃え盛って
いっとき輝くと
線香花火のように暗夜に溶解されていく
時間軸のルールに従って

3

一つの蹉跌は
新たな蹉跌を孕む
感性プラス理性という
二つの命題がどっぷり四股《しこ》を踏んだとき
彼我を隔てる早瀬を
絶妙のバランス感覚で乗り切るのは
卓越したアフロディテの梶取りだ
お天気屋にはいつも雨傘が必要
不意を突いてくる角《つの》をかわすのは
たおやかな闘牛士にとってはしんどいけど
フラメンコ舞踏家のように
慣れれば爽快感がある
ボタンの掛け違いは
行き先不詳の
片翼飛行だ
体じゅうの核酸が不安にさいなまれる

4

時間の経過は

積乱雲《レインバンド》にも似て愛の形象《かたち》を刻々に変える
固定した観念を維持するには
自らを奮いたたせ
絶えず意識するしかない
鬱屈したころあいの
微笑一つ
はずみの片言隻語が
運命を変えることだってあるのだ
愛の形象《かたち》を正しく見据えるには
ほどよい距離が必要
遠すぎても近すぎても
よく見えない
アガペーの愛は容易に姿を現さないが
エロスの愛は
砂上の楼閣
打ち寄せる波のうねりに崩れ
やがて形骸化する

5

ほころびを繕いに行った日
物陰から覗くと
愛しいアフロディテは
眉をひそめ
目を釣り上げ　額にしわを寄せて
夜叉の顔に変貌
ヘルメスを寄せつけない
それを目撃したヘルメスも鬼面に変容
陽と陰のイオンは
反り合い　弾《はじ》き合い
食い違いや誤解が
意識の亀裂を一層深め
やがてそれぞれが深い断層となり
黒い血を流し始める

6

出会いが駅なら
別れも駅
駅は昔の宿場
絶えず集合離散を繰り返し
ひとと人との絆をも剝離して運び去る

*

物理的な時の刻みに伴う
そこはかとない汽笛の一声は
いっとき二人を
しんみりとさせるが
ピストンのきしみは滲む涙をかき消し
からむ思念の糸を
一本ずつ断ち切っていく
糸が伸びれば伸びるほど
心の絆はもろくなり
情念のパイプは梗塞《こうそく》し
初々しい感性をうっ屈させ
やがてすさんだ思考に変容させる

*

いつしか
心の奥底には悪魔がひそみ
愛の容積は虚しく片側に傾斜し　散逸する
厳冬のある凍《し》ばれた宵
ヘルメスの意識からうすれゆく青白い炎

7

まこと　産みの親の愛を知らず
自然のおおらかな　時に厳格な掟で
節くれだって育った者に愛の手管などはない

*

ジャッカルの子よと怖れられ
辞令や世辞に疎く
ときに言葉の牙をかっかと吐いては
周囲を失望させる
有るのは伏目勝ちだが
ぎらぎらした本能と
隠しおおせない鋭敏な感覚

＊

「最大の言葉は常に微笑なり」という理《ことわり》を忘れた
者に
開運の兆しはない
言葉のとげのみが
互いの行為に勝《まさ》って
いち速く感性の触角に突きささる

＊

歓喜は一瞬にして　悲哀はとこしえに
風化した言葉の断片を
性こりもなく再生する
記憶装置の愚直さ
ヘルメスの大脳に時おり映しだされるアフロディ
テは
とこしえにお下げのままだ
思念の深手をいやし終えないまま
さらに半世紀の間生き長らえて
ヘルメスは一本の棒になり果てた
空《くう》に突き上げる
思念の……

詩集『宙《そら》を飛んだ母』（二〇一一年）抄

I

永世の平和を目指して

地球上の全人類が一つになれる日を信じよう
たとえ目玉や肌の色が異なっていても
ひとに会ったら　心からのほほえみで優しい言葉
　を交わし
相手を思いやって　親愛の情を精一杯表わそう
争いを演じたり　異教徒を迫害することのない神
　にすがろう
地平線から　水平線から　そして山あいからも
変わらずに出現して　万物を慈愛で包み込む
偉大な太陽を尊崇する　原始の姿勢に立ち返ろう

家庭も学園も子供たちに人類愛を授けることを第
　一義としよう
誰とでも仲良しになれる作法と他を思いやる気持
ちを育《はぐく》み
いじめ　引きこもり　果ては自ら命を断つ行為を
防ぎ
いつどこででも人権擁護を世渡りの大義としよう
どんなに手ごわい相手をも説得する技を身につけ
よう
交渉は押して退いてまた押して　どこまでも粘り
強く
真心の込もった態度に終始し　信頼を勝ち取り
紛争相手を平和共存の列に取り込もう

民族も国家も単独では存在できないことを自覚し
よう
先進国と途上国　富裕層と貧困層の差を縮め
独裁を排除し　すべての国が民主主義の旗印のも
とに
支配も従属もまして交戦もなく　平和を国是とし
て共存しよう

平和は自らやってくるものではなく
渇望し　接触し　かつ連れ出してくるもの

一九九九年を顧みて

迫りくるノストラダムスの予言に
かつて現状認識派たちは恐れおののき
楽天主義者《オプティミスト》たちはそれを聞き流した
テレビ画面のＣＭのように

きみは考えたことがあるのか?
人類の終末の日のことを
手をこまねいておれば運命の日はやってくる
満ち潮のようにひたひたときみの足元に
そして乱層雲のように音もなくぼくらの頭上に

人類破滅の年になるはずだった一九九九年
きみならどうした?
アンゴルモア大王になるのもきみなら
救世主になるのもきみ自身
きみにも是非自覚してほしい
われら六十七億の一人一人が
加害者であり被害者でもあるということを

きみもぼくもこのジレンマに対して
今こそ鉄槌を下さなくてはならない
自然を絞め殺すレジャー開発は　ＮＯ
地球を消滅させる核戦争は　ＮＯ
資源やエネルギーのがぶ飲みは　ＮＯ
まず発展途上国に文化の灯を
そして適正な児童数と健全な育成を
すべては「成長から均衡へ」*の旗印のもと
地球温暖化の元凶二酸化炭素を減らすために
行進曲を静かな曲に　平坦から起伏へ
直線から曲線へ　自然のエネルギーを活用し
銃や弾道ミサイルをトラクターやコンバインに鋳
　造し
草や木を慈しみ　鳥や動物たちを友に
自然の息吹きの中に悦楽を見つけよう
そして訪れるかも知れない災いを福に転じよう
一九九九年は何事もなかったが――

＊　一九七二年、ローマクラブの宣言。

天と地と羊の里
――ルーマニア・北モルドヴァ地方で

行けども行けども山間《やまあい》の農村地帯
バスはひたすら疾走し続ける
一筋の清らかな渓流沿いを
検証しながら遡上《そじょう》する一群れの鮭のように
藍色の空を区切る丘も斜面も悉《ことごと》く牧草地
単一の原風景が車窓に果てしなく展開し
巨富も没落もありそうにない文明疎遠の
カルパチア山脈の谷間を抜けてバスは山路《やまじ》へ

登りつめて立ちすくむ緑の中の修道院
外壁を埋め尽くした極彩色のフレスコ画
中世に栄えたモルドヴァ公国の遺産が
いま折からの日射しに　豪華な宝石となって輝く

相次ぐ文明の衝突も　ここでは無縁の静けさ
若き日に背負い込んだ苦汁のクロスを
さりげなく黒衣《ハビート》に包み　森の精霊とむつみ
朝な夕な　神に祈り神に仕える　修道女たち

意外にも
——台湾の和南寺で

一瞬　ぼくは息をのんで棒立ちになった
み堂に通じる直線道路の両側に点《とも》された
おびただしい数のろうそくの灯
灯は晩秋の薄暮の中で
炎の中心を緋色に染めあげて
遠来の客を招く仕草で大仰に揺らめいている

不吉な予感がたちどころに胸中をよぎる

人の後ろに隠れてこわごわ玄関に立つと
上がり口の両側に並び立つ普段着姿のご婦人方
彼女らの満面の笑みにほっとして歩みを進めると
中ほどに法衣姿の愛らしい少年が一人
坊主頭をしてにこやかにほほ笑むのだった

　　年端《としは》もゆかぬ少年が何ゆえの得度？

すると　彼の少年僧によって案内されたのは
巨大な芸術観世音菩薩《ぼさつ》が鎮座する仏間

そこで紙片を渡されて願い事を記入せよと言う
仏座の掲示板に「詩運隆盛」の誓願を貼ってもら
って
ぼくは黄金の仏像の前で慈悲を請うのだった

帰りはどの人の顔もおだやかになっていた

大草原に溶け込んで
——古都カラコルムへの道

果てしなく展開する草原のど真ん中をバスはひた
走《ばし》りに走る
地平線で消える一条の舗装道路を除いては
手付かずの原野のままだ
原始的なたたずまいに好奇心の炎が燃え盛って
地面をしつこくなぞるぼくの目に
踏み付けられてできた道らしき跡が
彼方の天幕《ゲル》の集落に　さらに各戸の前にも
矮小な草黄葉《くさもみじ》がまばらに生えている広大な草原地
帯
右にも左にも稜線を天にくっきり食い込ませた低
い山並み
弓幹《ゆがら》のようななだらかな丘陵地を
バスは時に一方への振り子となって突き進む
出遭うのはゆったりと草をはむ羊や馬の群れ

小山脈や麓の草原にさまざまな影絵を描いて
手が届きそうな一枚の蒼天の高みを
綿菓子となった雲の群れがゆるりゆるりと動く
悠久の広野に目を奪われて凝視していると
地面の穴に逃げ込む小型の栗鼠《りす》
遥か彼方には空を舞う一羽の鷹《たか》

突如バスが止まって草原の真っ只中での小休止
――小水を終えたぼくは郷愁に駆られて
雲の行方に右手を高々と上げて草原を走りだした

モンゴル高原の初秋の日はいやに不死身だ
七時を過ぎても赫々《かっかく》たる太陽が西の空に突っ張り
　続け
羊の群れを追い立てる馬上の牧婦が茜色に婉然《えんぜん》と
　輝く
車内を流れる物語曲に情緒をかき立てられながら
いくつかの丘を越えると茫々とした高原の彼方に
旧都カラコルム[*1]の遺跡が何事もなかったかのよう
　に草洋に沈み
その一角にエルデニ・ゾー修道院[*2]の正方形の外壁
　が出現し
百余の白い仏塔が忽然として現われ天を刺すよう
　に映えていた

＊1　かつてのモンゴル帝国の首都で、壮麗な宮殿が軒を連ねた国際都市であったようだ。
＊2　古都カラコルム跡地の一角に、後にできたインド仏教伝来の仏舎利塔で、現在も篤い礼拝の対象になっている。

私の宝

それは形象でないもの　それはぼく自身の感性に
　焼きついていて
生涯消え去ることのない　温かな残像
ぼくは聖人の出で立ちでも　スポーツマンや芸人
　でもないのに
降って湧いたような嬉しい出来事
相次ぐ寺院見学に飽《あ》いて　そっと境内を抜け出し
独りパラタサラティ寺院の表通りを歩く

乗ってきたバスの行方を尋ねて
後ろめたいが解放されたさわやかな気分
見慣れない町並みや行き来する人々に好奇の目を
　向けながら
さっそうと歩いていると
目の前に唐突に差し出された小さな手
一瞬のちゅうちょ　でもいたいけな子供と分かっ
て
八十路《やそじ》のごつい手で握りしめる
すると　更にちっちゃな手が何のためらいもなし
　に差し出され
彼等の背後には　サリーをまとった若い婦人が笑
　いをかみ殺し
横向きに伏し目で突っ立っていた
この国はかつて植民地支配の不当性にあえぎ
無抵抗　非暴力　不服従をモットーに
身を挺して民衆に範を垂れ
独立を勝ち取ったマハートマー・ガンディー翁《おう》の
国
彼の博愛の精神は小さな子供たちにも受け継がれ
　ているのだろうか

隣の垣根は低かった

——韓日文人会議に出席して

構えて行ったことがおぞましい程だった
煩わしいことは何一つなかった
朝がくれば　朝鮮半島にも太陽は顔を出し
夜になれば　日本列島と同じ月が空に懸り
地球は一つ　みんな
みんな霊長目ヒト科の同胞を意識させる旅だった

ソウルはニューヨークや東京の一断面
人々のつましい日々の暮らしがあり
儒教を体し　民族の証しを頑なに守る半面
ニューポップスやニューファッションへの若者た
　ちの志向があり
摩天楼が林立し　極彩色に溢れた街
だが忘れてはならない　繁栄の中の幾多の傷跡を
それ等はカプセルに閉じ込められてはいるが
時にぼくの面前に亡霊のように跳び出し
扇動者《アジテーター》となり　声高にののしるのだった

遠い少年の日　毬栗《いがぐり》頭に国防服を纏い
鉄道の一旅客だったぼく
その微かな思い出の糸を紡ぎつつ
更に北への旅は続く
山間《やまあい》の一角に　色とりどりの屋根の集落があって
柴垣の根元に遅咲きの真紅《しんく》の鳳仙花《ポンソナ》
その傍らに立つチマ・チョゴリ姿の人影
陰画を重ねて見とれていると
突然　ぼくの肩をたたく者がいた
それは堅く白色に凍てついたマローズ*だった
冷たくとげとげしく　雪豹のように荒々しく
ぼくの心を引《ひ》っ掻《か》き　ぼくを失神させようとする
そうだ！　ここは三十八度線に近い
ぼくは拒否し　格闘し　危うく虎口を逃れ
再びソウルの街へ

明洞《ミョンドン》街を埋め尽くすおびただしい人々の流れや
大学路《テハンノ》広場で楽器を手に　刹那を彩る若者たち
また　それを賞でる大勢の人垣の
屈託のない明るさの表情にきざす黒い影
その影は高層ビルで夜景を楽しむぼくの面前で
みるみるうちに濃密になって広がり
北斗の下のもう一つの都市に思いを馳せるぼくの

目を
全くの闇で覆ってしまうのだった
三十五億年かけて進歩した人類の小さな境界《バリアー》よ
小さな諍《いさか》いよ　消えて失くなれ！
北風よほほ笑め！　そして生け垣はいつも短く刈
り込んでおこう

＊　マローズは露語で「極寒」のこと。

Ⅱ

宙《そら》を飛んだ母

二階で長いこと臥《ふ》せっていた父がひっそり息を引
き取り
気の病で育児は人任せだった母も明くる年他界し
みなしごとなった僕ら兄弟四人はさながら籠の中
のひな鳥
啼きわめけば餌を与えてはくれるものの
慈しみ寄り添う親鳥の姿はなく
成長するにつれて募る亡き母へのやる瀬ない慕情

物ごころがついてこの方
愛《いと》おしむ両手で抱かれた感触はおろか
温かい眼差しで見つめられたことも
優しい言葉であやされた記憶もない
だのに無性に母が恋しい毎日

はち切れんばかりの寂しさを流しに
裏の山際の川でひとり丸木橋の上に立つと
轟音を立てて流れる早春の雪解け水

すると　右手の空から左手の社の山頂へ
一瞬　藍色の空をよぎった天《あま》かける女性
――それはまぎれもなく三十路《みそじ》半ばで天国へ召
　された母
十四歳で異郷の鬼*となるべく旅立つ決意をした
吾子《あこ》の行く末を案じたのか
それとも狂おしいまでの思慕の念が通じたのか
お人形のようだと言われた母が天女となって
別離を告げに出現した古里の夕まぐれ

＊「異郷の鬼」とは、外国へ移住して生涯を終えること。

きら星の記憶

それらはいつも遠くからやってくる
ひそやかに　次々と素速く
瞬時に現われては　程なく消え失せ
磁気テープのように再生を繰り返す

記憶の海からは　我先にと悔恨や悲しみの顛末《てんまつ》が
　飛び出す
父親の強圧的な阻止にすずり箱の小刀で盾突いた
　幼年どき
十代の初め　病床にあった父の死　そして相次い
　だ母の死
それからは　古里の豊かな自然環境が私の揺り籠

淡い意識の中で　記憶は過去の多くの人に巡り会
　わせる
青春時代を傀儡《かいらい》国・満州の辺境の地で暮らし
懐郷にすさんで暴動を起こした仲間達の童顔
シベリアの捕虜収容所《ラーゲリ》で　寒気と耐え難いひもじ

　さにあえぎ
生還を打ちひしがれたあまたの青年新兵
戦後の再興を期す首都・東京のど真ん中で
駐留の兵士達に付きまとう売春婦達

折々の強烈な印象は　脳裡の記憶装置にデータ化
　され
私の人生のきら星となって　行く手を照らし
ときに　脚色されて詩や物語に昇華する

掲げる旗幟《きし》は高く

挫折は再生への礎石だった
幾度か不意撃ちに遭って奈落の底に蹴落《けお》とされた
　とき
ぼくは必然的に自我に目覚めさせられた

溢れ出る弱気やおじ気をきっぱり霧散させ
象形文字や飛び交う音声のひだから漏れてくる
一縷の光明に目ざとく反応して
暗黒の激流を掻き分け　幾多の障害を乗り越え
この世の茫洋とした寄港地を目指して
意志の苦汁であざなえる荒縄に取りすがり
懸命にたぐり寄せた青春の日々

模糊として見果てぬ夢
追いかけても追いかけても遠のく理想
そして歳月は容赦なくぼくを羽交い締めにしよう
　とする
すでにぼくの感性はひざを擦りむき
思考力の向こうずねには無数の引《ひ》っ掻《か》き傷
だが理念の湧泉である大脳の海馬を聖域として
ぼくは転がり出る創意とみち満ちてくる気力を奮
　い立たせ

子供のころ古里の川原で偶然見つけた蛋白石《オパール》の輝
　きを
いま一度取り戻したい

脱皮の極みに

ぼくは一時期を華やぎ精一杯生きる蟬だ
お袋のお腹からやっとこさ這い出して
裏手の松の木で初めて脱皮をなし遂げたとき
里は祝福の大合唱と踊り交わる豆明かりにみち満
　ちていた

ぼくが単なる蟬に飽き足らず二度目の脱皮を図っ
　たとき
無垢で一途な蝶になって荒れる玄界灘を渡り
陸地では青虫に立ち返りひたすら匍匐《ほふく》前進で
行き着いた先はカササギの飛来する異境の地
戦火で夢破れ三度目の脱皮で蜻蛉となり雄飛した
　土地は
国の粋を集めた中枢部で至る所に夥しい地上の星
地面や地下を縦横に駆け回る工作物に圧倒されて
　戸惑ったが
現況を前進させようという意欲は片時も萎えなか
　った

ぼくが心機一転四度目の脱皮で蛇になったとき
持ち前の執念で未知の大地へ体をくねらせて入り
　込み
環境　人情　利便性もよしで
居ついた所が森に囲まれた理想郷《ユートピア》の丘
ぼくの最後の脱皮は土竜《もぐら》になって地中に活路を見

いだすことだ
もぐりに潜って地球の中心にまで到達し
仲間たちと世界の国々に回線を張り巡らせて
平和な地球の再生にいささかでも貢献したい

遅い春

春の使者は　五歩進んで三歩下がる
いやいや　今年の使者は六歩も七歩も後退してい
る
ようやくもたらされた柔らかい日射しの後の
北西からの肌を突き刺す寒風　そして降りしきる
ボタ雪
輪ゴムのように　いとも容易に伸縮をくり返す
ひねくれ者

いたずら小僧が気圧の道案内なのか
近づいていた春の使者を蹴散らし
専横に振る舞い　生き物に痛手をもたらす

宗谷海峡では遠ざかっていた流氷が再接近し
毛ガニかご漁や帆立漁がままならず
ちぐはぐな行為と逡巡をくり返す臆病な使者に
人里では群《むら》すずめが原因不明で大量死した

だが押しかける日長に　しびれを切らした福寿草
が
雪をかき分け　ためらいながらも貌《かお》を出し
川辺では　せせらぎの高まる音に猫柳の穂が目覚
め
湿地では　水芭蕉が雪白の苞《ほう》にくるんだ黄花を立
ち上げ
待ちわびた春の美しい女神が　抜き足差し足で

ようやくその姿を現わした（拍手）

歩いて季節を拾う

自転車に乗るのは物憂《ものう》い　自動車も物かは
電車に押し寄せる人垣を流し目で見送って　自らは歩く
自然の移ろいや社会の出来事を脳裏に刻みつけながら
片意地を張り　町中《まちなか》をひとり陶然と歩む

赤ん坊は四つんばいを乗り越えて　立って歩こうとする
歩けることで　人は空腹を満たし　渇を癒やし　才知にも長《た》け
胸にあふれる情感や欲求を周りの人達に伝え
芽生えた希望を高々と掲げて　正道を歩もうとする

つつがなく生きていることの証《あか》しとして
新生の輝く春　爛漫解放の夏　成熟の秋　そして休眠の冬も
時には炎熱や酷寒の中をさえ　臆することなくひたすら歩む
後背地のわが街がすっかり夕闇に溶け入って　人工の蛍火《けいか》となるまで

より多様な思い出を持つ死者となるために
向上心が優柔不断な男の後押しをして　歩く
世界を股にかけて　自分らしい足跡を彼の地に刻みつけるのだ
友愛の言葉を交わし合うひとりの人間として

六月十日生まれのわたし

机の上で腕時計がひっそり時を刻んでいる
裏カバーには
「永年勤務感謝記念」の彫字
黄金の文字盤とカバーで
存在感と重みはあるけど

時を刻むのが止んだら
お前の寿命が尽きる時
とでも言うのか
秒針と追いかけっこをせよ
とでも言うように
毎日　毎時　毎分　毎秒　ムムム……

わたしがもの静かに息をつく
時計も押し黙って秒針を進める
時計が動きを止めてしまったら
――という強迫観念が
腫瘍のように
わたしの脳髄の中で日ごとに拡大していく

この腕時計とわたしが競い合ってから
とうに二十年を経ている
こうなったらどっちが先にお陀仏なのか
素知らぬ顔をして
燃え尽き症候群のわたしの余命を計っている
時計よ
おお　お前！

＊　六月十日は「時の記念日」。

Ⅲ

YOSAKOIソーラン祭り

長くて暗い冬の虜囚《とりこ》から解き放されて
蘇った緑とライラックの花便りに引き付けられた
老若男女が
人津波に合流して全国からどっと押し寄せてきた

人々はチーム毎に豪快であでやかな一匹の毛虫と
化して
両桟敷《さじき》満席の舗道を思い思いの節足でうねり歩く
大観衆の前で栄誉ある美しい蝶に羽化しようとし
て
先頭の地方車《じかたしゃ》から発せられる威勢のよい掛け声と

軽快な音楽に
気負い立つ踊り手たちのすっくとした背後が
燦々《さんさん》の日射しの下で縦横の躍動美をひけらかす

夜は電飾された先導車が街のネオンと照明器具《スポットライト》に
浮かび上がり
群れの足がときに勢いづいて地面を踏みしめ
ときに鳴子《なるこ》を握った全員のこぶしが一斉に夜空を
突き上げる

熱狂的に競い合った祭典のすべてが終わった夜半
ビルの谷間・大通公園の樹木や花壇に
見事羽化できた蝶の群れが感極まって全身を震わ
せていた

＊ 「YOSAKOIソーラン祭り」は、毎年六月八日頃から五日間、札幌市内で行われている舞踏祭で、参加チームは本道・本州・沖縄ばかりでなく、遠く

台湾やロシア（サハリン）からも訪れている。

小天使の瞳に射止められて

駅の下りエスカレーターの中ごろで
母親の手に引かれた幼い子供がくるりと振り返り
上段のわたしをしげしげと見上げ
目が合うと　ばつが悪そうに伏し目になって前を向き
そしてまた向きを変えてわたしの顔をじっと見上げる

日曜日の閑散とした地下鉄の車両の中で
母親のそばに座らされていたおかっぱ頭の幼子《おさなご》が
反対側に座っているわたしと視線が合う
吸い込まれてとっさにほほ笑み返す
まばたきもせずにじっと射止められているのはわたし

主婦たちでにぎわう夕暮れどきのスーパーマーケットで
品定めに狂奔している母親とは対照的に
行き交う人波に好奇の目を凝らす乳母車の中の幼子
わたしはまたもや清純な視線の矢に射止められ
どきっとして熱い血潮がこみ上げてきた

翼を持たなくとも　きみらはこの世の小天使
一点の曇りもないつぶらな瞳《ひとみ》で
奇怪なこの世の波間をクリオネ*のように泳ぐ

幼子から見つめられると　わたしは返す
必然的に　全身全霊のほほ笑みを

＊　オホーツク海に二月流氷と共にやってきて、流氷と共に去る「流氷の天使」と言われるハダカカメガイで、貝殻のない貝の一種。

詩を読みたくなる時

いさかいがあった後何事も手につかず　むっとしている時
そう　そう　詩集でもひもとこう
世相を風刺し　社会現象をユーモラスに表現した作品を
すると　体面にこだわり続けていた頑なな心情が揺らぎ
めらめら燃えたぎる怒りの火を消し止められて
相手の立場を理解できるようになるだろう

あれもこれも思い通りにならず　意気消沈している時
そう　そう　詩集でもひもとこう
義憤のつぶやきと人生へのエールに満ちた作品を
すると　うっ積した思念にほんのりと理性の明かりが灯り
ふさぎ込んだ気分が次第に払拭されて
新たな希望がふつふつとたぎってくるだろう

魂がふ抜けて　自暴自棄に陥っている時
そう　そう　詩集でもひもとこう
人間《ひと》としての在り方をこの上なく誠実に吐露した作品を
すると　その高邁な精神に感化された自我が
いち早く　合点承知の助に変化して
落ち込みを修復し　生きる気力が湧いてくるだろう

謝罪します

「再見《ツァイチェン》！　明天見《ミンテンチェン》！」と言って
大草原の彼方に今日も大きな太陽が静々《しずしず》と退場し
　て行ったことだろうか
そして裸馬にまたがった牧童たちが
鬱金《うこん》色の残光に染まりながら
牛の大群を草原の懐から集落に追い立てて行った
　ことだろうか

隣の集落に残留されていた劉《リユウ》一族や杜爾伯特《トルバトキ》旗*
　の人たちよ
ぼくたち異邦人は
「五族協和」という美辞麗句を旗印に
他人の家に上がり込んで飯を炊《かし》ぎ
他人の耕地に高粱《コーリヤン》や玉蜀黍《とうもろこし》の種を蒔き
長閑で平和な集落から間接的にあなた方を追い出
　してしまった
これを蹂躙と言わずして
何と言おうか

塩基《アルカリ》性草原の砂丘で暮らしていた
純朴で善良な住民たちよ
今でもつるべ落としの井戸水は塩辛いことだろう
　か
あなた方はぼくらの入植行進を歓迎してくれた
だが　心の中のうつぼつたる感情は見抜けなかっ
　た
「開拓」とは何よりも荒野を切り開くことなのに
お金と強権で後の者が先住者を追い出すようなこ
　とになろうとは

ぼくはまだ十代半ばの
空想や夢みることが大好きな
無分別で無思慮な少年
「建国」という囃子詞《はやしことば》の尻馬《しりうま》に乗って
大勢で連れ立って未知へ駆り立てた若い頃の一途
　な思い
それが侵略だったとは

寛大で心やさしいあなた方へ
ぼくは心から謝罪します
ぼくがぼくでなくなる前に

＊　龍江省林甸県（王太帽子）に隣接する蒙古民族の自
治県所在地。

文明開化の寄る辺ない岸辺で

幾つかの硝煙騒ぎが世界の裾野で起こった後　三
　千年紀の黎明に
休火山の火口からむっくと貌を出した世紀の悪魔

華麗な高層ビルが森をなす資本主義のメッカ
ニューヨーク市マンハッタン区
そこで物質文明崇拝の偶像となっていた一対の金
　字塔が
衆人注視の中　文明の利器による空中体当たりで
紅蓮の炎と猛煙を噴いて瞬時に崩壊させられる
と　一体神以外の誰が予想し得たろうか

富国強兵を信奉して止まない統治者たちが率いる

産業資本主義国の執務者たちは
自動制御装置を備えた快適な部屋で情報を操り
世界金融市場の心臓部をもろ手でにぎりしめ
額に一滴の汗さえにじませず
マネー・ローンダリング*競争に明け暮れる日々

一方　文化の明かりが灯らない文明の果てアフガ
　ニスタンでは
明日のナンを焼く材料にも事欠く暮らし
牙をむく巨獣の侵入　割拠する豪族間の内輪もめ
　で
若者たちは閉塞感と明日への絶望感にうめく

こんなとき理《ことわり》はどうあれ過激な発言が神の声
岩山の地下水路での謀議　練り直される秘策
小躍りして湧出する純水に勇み立ち
幾つかの途方もない脅迫状を送りつけてきた無頼
　漢たち

雪山に幾度か遅い春が訪れて罌粟《けし》の花が原野を朱
　に彩るころ
洞窟の中を自在に飛び回る蝙蝠《こうもり》の群れに
カリスマ教祖のひと言「ひと泡吹かせろ！」を合
　い言葉に
操りコマンドたちが大挙して大海原を飛び越え
覇者の喉仏に潜入

決行日　偶然乗り合わせた客も一蓮托生
旅客機は突然方向を変えて秒速の笞《しもと》と化し
理念の象徴を鞭打つこと　一擲《いってき》　二擲　三擲……
天地を切り裂く轟音　噴出する猛煙・猛火
二千八百余人を呑み込んだまま百十階の双子のビ
　ルは
雪崩現象で瞬時に崩壊

この奇想天外な不意打ちに動転し狼狽した米国と
その同盟国が
気を取り直しアフガニスタンの悪の巣窟に突撃
暴力は残酷なシーソー・ゲームとなって民衆の上
に跳ね返り
テロと復讐の諸刃の災難に
あたら命を落とした数千の良民こそ哀れ
そして科学兵器を駆使しての猛攻撃に
首謀者オサマ・ビンラディンとその仲間は一体ど
こへ？
得意のもぐら戦術で地球の裏側へ　それとも
ヒンズークシ山脈の地下水道をボートに乗り同胞
の国へ？
生死不明が不気味な尾を引いて再テロの風説に脅
かされる世界
首謀者一味の消息――それは世紀の謎と思われて
いたが
アメリカ諜報機関の十年に亘る執拗《しつよう》かつ綿密な捜
索によって
アフガンの隣国パキスタンの首都近郊・住宅地で
あえなく発見され　襲撃され　殺害されて
二十一世紀最大の謎解きは終息した

＊「マネー・ローンダリング」とは、資金洗浄のことで、不正に取得した資金を、口座変更や海外不動産への投資などで、合法的に装うこと。

慶弔の詩

祝ご結婚

信頼と決意の中から
それは生まれる

放たれた矢の瞬間とは何か
美しい――
それだけでも娶る価値があるのだ
誠実――
それだけでも従う価値があるのだ

愛のやさしさが
そこから泉のように溢れ
たがいの胸に満ちていく

きみ達
あのよろこびの鳴動が聞こえるか
空の彼方から　地の底から

ほほえみの中では
対話が常に音楽となり
音楽がいっそう多くの夢をはぐくむ

透きとおる宝石のような
まことの幸せを求めて
きみ達の初めての出会いから
かがやく日々へと
それは限りなくふくらんでいく

祝ご結婚

幾千もの夜を待ち　夜空を眺めた
幾千もの星を見つめ　星をたずねた
広い　とてつもなく広い宇宙の中で
相逢《あいお》うたふたり
〈ぼくは彦星《ひこぼし》　きみは　？〉
〈わたしは織り姫　あなたの星………〉

今日
互いの言葉を心に刻んで
未来を堅く誓い合ったふたり
いま　新たな生活への門出に
ふたりは
絶え間なく時を刻む
愛の歯車
真実があって虚偽のない
義務があって権利のない
うつくしく嚙《か》み合えば
琴の音色のように
調和された命が鼓動する
愛の歯車に
ふたりはなるのだ

巣立つ者へ

——ベルが鳴る
弥生の空をひき裂いて
新しい門出へのベルが鳴る
おごそかに人生劇の開幕

きみ等ひとりひとりの眼は
きみ等自身の海をめざして
豊かに開かれている
とだえることのない
大河の流れのように
それは流れていく
もはや流れを停滞させ逆流させる
　ものはない

時折とぎ澄まされた記憶の淵に
つぶてを投じたかのように
そこからそこはかとなく
思い出が広がる
北国の美しい町並み
厳しくも懐かしい人垣
三歳《みとせ》の間語り合った言葉の数々
望郷と別離の決意が
また明日への意欲を沸かすのだ

きみ達　聞こえるか
あの歓びの鼓動や空にどよめく拍手の音が
かけがえのないきみ達
未来はきみ達のもの
勇気を鼓舞せよ
そして立ちはだかる
宇宙の扉をその双手《もろて》で打て
（昭和四十四年三月十日　名寄高等学校新聞に掲載）

弔詩　旅路のあなたへ

あなたの肉声　あなたの交感神経が
彗星の光を放電した時
萌え始めていた季節が
冬に逆戻りしたような
恐怖と戦慄がわたし達を襲った

一瞬　地球が自転をとめて
あなたは包みきれない秘めごとを脳幹に封印した
　まま
億光年のかなたへするりと旅立って
あとにはあなたの代名詞が
チンマリ臥せられている

　あなたの空《うつ》ろ身《み》を
　火中《ほなか》の礼で葬ることになるわたし達

たとえあなたが億万の粒子に還ろうとも
あなたのあの日　あの時は
わたし達の脳髄の空で
不滅の星くずとして再生し
あなたが孜々《しし》として築いたピラミッドは
わたし達の網膜に確かな楼閣を灼きつけ
周りとのやさしいかかわり合いは
涸れることのない泉となって
ひさしくわたし達の涙腺をぬらすことだろう

　オシリスの神が支配するという未知の世界に
　今あなたを見送るわたし達

できることならあなたが地球の枝に憩われて
わたし達に啓示してほしいと思います
すべてに対してわたし達がもっと思いやれるよう
に
もっと地球単位で考えることができるように
では　旅路のあなたに
恙なきようお祈りします　さようなら

未刊詩篇

四万十川に寄せる

やっとチャンスが訪れたね
思いこがれているきみに会えるなんて

憧れは行動を産む
ありのままのきみの姿に接し
きみの透明の色に驚嘆し
手のひらの中の光り輝く精髄《エッセンス》に
えも知れぬ匂いや温くみを感応し
きみと睦み合えたひと時
きみは微笑し　ぼくははにかみ
きみは慈しみの目差しを向け　ぼくは震えた

耳を澄せばきみの吐息が聞えてくる
薄みどり色に煙る豊かな南国の山々が
穏やかに美しく育くみ
きみは今高らかに愛の音色を奏でる

今でも無性に逢いたくなることがある
太古の昔から長い蛇行をくり返し
多くの魚族を育て　人々に恵みを与え
生まれたままの姿で老成していく
四季折々のあなたに

明日への希望を抱いて

——大災害に遭われた東日本の方たちへ

この度突如として勃発した三陸沖でのM九・〇の
大激震

それを追っ掛けて沿岸の市町村を総なめにした巨
　大津波
濁流が引いた後に残された夥しい数の建物や車両
　の残骸
目も当てられない壊滅的な打撃を受けた己れの市
　街地を
命からがら避難した高台で驚愕し茫然と見つめる
　人影

そこに展開されたのは目を疑う一面の生き地獄絵
　図
豊かな漁場の楽園都市が海流動体の無茶な暴力に
　よって
悉く破壊され且つ大海原に葬り去られようとした
　異常事態に
一瞬かつて原爆の投下で焼け野原と化した
広島市街の無残な光景が彷彿として脳裏をよぎっ
　た

まさに「世界が終わりか」と思われた方たち
天空に太陽がある限り世界は終わりません
ひとは前向きに生きようとする限り
どんな災難が降りかかっても
押し切って前へ進むことができるはず

千年に一度と言われる今回の未曽有の激震と大津
　波
これは正に日本国民に課せられた試練
でも人生にさまざまな試練の場は付きもの
苦難に堪えて先ず再起への第一歩を
続いて二歩　三歩……と歩みを止めないで
この度の大災害でお亡くなりになられた
かけがえのない大勢の御霊《みたま》よ

私たち国民はあなた方の無念の思いを推察し
わが事のようにふさぎ胸を痛めており
朝な夕な鎮魂の祈りを捧げております

厳冬の後には麗らかな新緑の春が来るように
過去への未練を吹っ切って前進すれば
何事も実現不可能な事はなく　奇跡は必ずやって
　くる
世界中の人達が日本の復興を見守っています
頑張れ東日本の方たちそして笑顔を取り戻せ！

エッセイ

現代詩の今日的問題

「詩」を云々《うんぬん》する場合、人はよく「現代詩」ということを口にしますが、現在作られている詩は須く「現代詩」であって、私達の詩に、旧代（または古代）詩などというものはあろう筈がないと考える。

然し、だからといって私は、詩の「今日性」をも否定するものではない。

詩人三好達治は「私の詩は最初は同人誌にものせてもらえなかった――。現在はかなり私の詩も現代詩に近づいていると思う――云々。」と、テレビの朝の訪問でいっていたのを思いだす。

今日のように、マスコミの発達している時代に、いかな頑な詩人といえども、何らかの形で他の影響を受けないということはあり得ないことだ。

詩人が一篇の詩を作る時に最も大切なことは、ある物象と詩人とのつながりがどのようになっているのか、或は時代や彼の背景における詩人の感受性・思想性などが作品評価の絶対的なキーポイントになってくるのではないだろうか。

即ち「現代詩」とは詩人が現代に生を享くる社会の一構成員として、現代をどう考え、めまぐるしく推移する現代にどう対処しようとしているのかという、詩人の状況の踏え方が問題なのであって、作品の技巧上の問題は第二義的なものと考えられる。

何故なれば、我々は勝れた詩に遭遇した時と同様な感動のまま散文の中にも見いだすことがあるからだ。

また私達は、日進月歩の勢いで世の中が変化していくと同様に、詩もまた時代と共に推移せざるを得ないものだと思わざる訳にはいかない。

今日、新しい詩というものは、も早、パズルワード的な言葉の遊戯やアーキテクトによる言語の構築ではなくて、新しい生活範疇、即ち経験によって得られた一つのイデオロギー的な核であるのではないかとも考えられる。

新体詩、特に自由詩以降の詩人は、作詩をイメージまたは譬喩等に依存してきたが、これは作詩上の一方法であって、詩の本質そのものを決定する絶対的な要素ではないと思うのだ。

生活に基盤を置き、生活に密着した意識の敷衍《ふえん》性が常にすぐれた詩を産む原動力であるとする時、過去・現代を問わず、生活詩の興隆とその普及は正当であったし、戦争による異常な体験、インフレによる困苦欠乏、アジア・アフリカに於ける絶えざる動乱と革命等、詩に限らず、文学は第二次世界大戦を一契機として、幾多のすぐれた作品を産んできた。

「不安」と「恐怖」と「解放」、そして「破壊」というものが、人類を野生の本性に立ち返らせ、そして絶叫させる時、私は常に声を大にして「平和は詩を破壊し、詩を否定する」といいたいのだ。

今日、中央・地方を問わず広く「現代詩」の傾向を見る時、二つの著しい潮流があると思うのだ。

その一つは批評に根ざした状況を、他方は観照に根ざした状況で、前者はイメージの横逸奔放な余り、未分化、乃至は未熟化したものを孕む危険性が多分にあり、後者は情緒に依存し過ぎ、老化したものになり勝ちである。

然しながら、今日、なお多くの詩人が犯している最も大きな錯誤は「現代詩」という曖昧なひとりよがりの隠れ蓑に安住し、それを固守していることであろう。

現代詩のいわゆるウイークポイントは、比較的若い人達によって、時には年輩の人達によって、旧いものに代わって抽象性が新しい「固着観念」を作りつつある事である。それは詩誌を繙《ひもと》けば、「死」「黒」「灰色」等が型にはまって書き連ねてある事で一目瞭然であろう。

我々の平凡な日常生活において、そう多く思念的、又は状況的に「死」や「黒」が蟠踞《ばんきょ》する筈がなく、こういう型にはまった詩は抒情詩以上に警戒を要するものである。

しかし「詩」は、時代と共に絶えず変貌しつつある。恰も「文芸復興」の再現のように、すでに過去のものと目されていたモチーフが再認識され、すぐれた詩の書き手によって、実験試作され、「現代詩」に新しい息吹きを与えつつある。

人類の歴史の上で、荒地を開墾するということも、既墾地をいかに美田として運用していくかということも共に「偉大」であることに変りはないのだ。

現代詩をめぐって

長詩と短詩について

一口に言って現代詩はバラエティーに富んでいる。内容はいうまでもないが、そのフォームにしてからがそうだ。詩を長いものにしようとするものと、短いものに意識的にしているものと、その中庸のものと、凡そ三種のグループに分類して考えられるが、そうした混沌とした深い森の中で、詩というものが次第に末梢的なものを払拭して、オーソドックスなものに立ち返ろうとする体制にあるとすれば、詩壇の一潮流として、ある方向づけがなされなければならないのではないかと思う。これは自由詩への冒瀆になることであろうか。

詩を小説と俳句（乃至は短歌）の中間的な存在として

考えた時に、この命題に関しては必然的に公式めいたものが生れてくるのではないかと思う。

そういった意味で最近出版された詩集、小池栄寿氏の『落穂』、村木雄一氏の『愛のさまざま』などは僕にとって、興味の深いものであった。どちらも短かく、それでいて、詩的な興趣を少しも損わないのみならず、尚自由なイメージの為の余白があるということである。

最近、つくづく思うことは、長詩は「ファウスト」みたいに長詩なりの持ち味があってよかろう。しかし、そういった特殊な意図にない普通の詩は、できるだけ短かくすべきじゃないかと思っている。せいぜい五、六行から七、八行位の詩であれば、掲載も容易であろうし、一般読書人からも敬遠されずに済むのじゃないだろうかと思っている。そして、できれば俳句みたいに一、二行位のアフォリズムの詩もあっていいのじゃないだろうかとさえ思う。

難解について

詩というものの本質が、ロゴスであり、イデオロギーであり、イマジネーションであり、アレゴリーであり、感性であり、現実でもあるとするならば、その詩人の体質、年代、経験、教養、環境、嗜好(志向)癖、門閥、精神など、実に詩以前のエレメントによって彼の作品はおのずから規制されてくるものであろう。

だから、「ポエムとは何ぞや」と問われた時に、ぼくは「ポエムとは練達プラス人間の完成」と答えるかも知れない。人生の修業なしに何のポエムであろうか。作品が未完成でも惹《ひ》かれる詩はたくさんある。作品がアバンギャルドでなくてはならないというものでもない。リリシズムやシンボリズムでなくてならないということでもない。オーソドックスでなくてはならないということもない。詩人がぎりぎりのところで、最大の努力をして、一篇のポエムをものにした時、それは珠玉の一篇に相違ない。それが類型であるかどうかは、あとで討議されることである。要するに詩とは一人の「詩人」と一つの「状況」との対決の過程乃至はその止揚にあるのだといっても過言ではあるまい。

作品はとりたてて難解である必要はない。読者に分かる程度に比ゆとか諷刺とかを用いればよい。人間の類推とか想像にはおのずから限度があろう。限度を通り越したものは、もはやポエムではなく、英語の分らない者が英詩を読んでいるようなものである。要するに詩は単に言葉のレトリックのみでなく、本質的には、詩人が詩の心に立ち返らねばならないということである。

批評精神について

冒頭に現代詩は多種多様だということを述べた。また、ポエムは作者の年代とか、経験とかによって左右されるが、その詩人のぎりぎりのところで最大の努力をすればそれでよいとも述べた。

ところで他人の作品を正確に批評するということは、ほんとうに困難なことだ。それは詩の内容が複雑多様化してくればくるほど、そういうことがいえるだろう。勿論、でたらめでも何でもよいということになれば、ほめることはたやすいし、またけなすこともたやすい。嗜好が自己に適しないからとか、観照の次元が違うからとか、その時々の批評者のムードで、作品のすべてを一様にさしはかられるのは、作者にとって迷惑至極なことだ。

読売新聞に連載した随筆の中で、佐藤春夫氏は初心者に対する批評はやさしく、うぬぼれている者には厳しくとも云っていた。初心者は初心者なりに精一杯、精魂を傾けて詩作したものだ。それを殊更に攻撃したりすることは、将来の伸びる芽を摘んでしまうということだろう。

批評で、必要以上に酷にされて、腹の立つことがある。佐藤氏はそういう時には受けて立つのだそうだが、然し、よく考えてみると批評で一番酷なのは、一切「黙殺」されることなのかも知れない。見物人のいない運動会みたいなものであるからである。たかが批評一つといえども、対象をよくわきまえてしなければならないと悟った次第。

現代詩と日本語の謎々《なぞなぞ》について

「一ぽんみちを　まっすぐいくと、丸い原っぱ。なあに。」「一ぽんあしで一つめこぞう。めだまに　いとをつけて　あるくもの。なあに。」

御存知の日本語のなぞなぞで、「小学一年生」九月号（ふろく　オバQなぞなぞブック）からとらせてもらいましたが、ある日、幼稚園の娘が何の屈託もなく大声で読んでいるのを聞いて、ある霊感めいたものが脳裡にひらめいて、「現代詩と日本語のなぞなぞの関連性」について心を煩うようになった。

今日、現代詩はとみに難解になってきているというのが定説で、二十年、三十年詩作をしてきた人でさえも、何かの評論の中にその事について触れ、宇宙時代に詩が複雑化するのは止むを得まいと言い、詩人の作詩的認識を肯定し、それを詩壇に位置づけるような配慮がなされている。日本古来の伝統文学である短歌や俳句が、いわゆる第二芸術として蔑《さげす》まれるような現状で、詩が同罪の域を脱皮しようとしている努力は分かるし、歴史は積極的にその扉を叩く者の上にのみ輝くものであることを、詩を書くぼく等もまたその事を信じて疑わないものである。

ところで詩は、漢詩はともかくとして、日本にはポエムなるものはなく、西欧の邦訳の模倣がスタートで、新体詩の嚆矢《こうし》といわれる外山正一、矢田部良吉、井上哲次郎の「新体詩抄」がそれで、のちの浪漫主義時代の島崎藤村、現代のシュールレアリスム詩運動の西脇順三郎、安西冬衛にしたってみな何らかの形で西欧の詩法に触発されていないものはない。その後、詩は益々多様性を加え、取捨選択され、イメージや比喩が重んじられ、長短を往復し、実にさまざまな試行錯誤を繰り返し、今日の詩――すなわち現代詩になった。

さて、ここで再び「現代詩は難解なり」に戻って、ぼくの主張する「なぞなぞ」との関連について申し述べてみよう。

ぼくは現代詩のイメージや比喩を重んじるポエムなるものが、俳句や短歌の形《かたち》以外の型《かた》で立派に日本に古来より存在していた。それは子供達の間にいつの時代にも共感を呼び、現にブームにさえもなっている「なぞなぞ」であると言いたい。

現代詩は最近は言葉が平易で、深い意味を盛るような傾向になってきているが、それは言い換えれば、イメージや比喩や意味が一層重んじられているからに外ならない。子供等のなぞなぞ遊びでは、同様に言葉が平易で暗示的で比喩的で、頭を働かさないと意味や対象が不明である。最近､詩が難解であるにもかかわらず、一般大衆に広く読まれ、抒情詩であれ、生活詩であれ、シュールレアリスムであれ、いわゆる詩人層が増え、詩集刊行がブームであると言うのは何を物語るのか。田村隆一氏によると、「詩はどのように甘美でデリケートな抒情詩であろうと、それが真の詩であるならば、いかなる最悪の事態に直面してもユーモアの感覚を失わない、文明人のメッセージでなければならない」と言う。また山本太郎氏は「怪盗の歌」という作品において、「詩はもともと感情の波にまたがり／思考の迷路を追跡する高度な遊戯だ／追跡と共に行方が混沌に変ずるのは／しかたのないことだ」とも言っている。一般読者にとって、暗中模索は「詩」も「なぞなぞ」も同じである。

再び「なぞなぞ」の問題に移ろう。なぞなぞは何時《いつ》誰が発明したのかは、浅学のぼくにとっては明らかでない。然し、日本語なる言語が一応存在し、人々が言葉のニュアンスに興味を持つようになった遠い縄文の原始時代から存在したと推定するに難くはない。何故ならば、この時代に「古事記」とか「日本書紀」とかの古代の神話・歴史・歌謡の口伝え《くちづた》による文化の発祥がなされており、「なぞなぞ」は、それと同時になされたものか、またはそれ以前に存在していたと思わざるを得ない。

俳句や短歌は、つまるところ題材を媒体《メディアム》とした認識乃至は抒情であり、謎々は、対象をメディアムとしたアレゴリー乃至は機智である。双方共、創造の過程において、レトリックを必要とし、イマジネーションによることは言を待たない。

今日、現代詩が隆盛を極めている底辺に、さきにも述べてきたように、三～五歳の幼児に対して「謎々」を押し広めている出版社の功績を見逃す訳にはいくまい。「一本道を真直ぐいくと　丸い原っぱ　なあに。」――その心は「しゃもじ」であり、「一本足で一つ目小僧　目玉に糸をつけて歩くもの。なあに。」――その心は「針」であるが、前者の場合、内容に抒情を、後者は象徴かアイロニーを感ずるだろう。更に「どんなにとろうとしても　一年に一つしかとれないもの　なあに。」――「とし」、「ついてもついても食べられない餅　なあに。」――「尻餅」であり、その中に批評精神、つまり諷刺さえも汲み取れるだろう。また一方、現代詩といえども、詩を作ろうとする時に内容の全部ではないにしろ、写像としての対象乃至は題材（深く知覚するか否かは別として）はあるのであり、それがデフォルマシオンされたり、擬人化されたりしますが、「謎々」と同様である。ここでちょっと詩人の作品をのぞいてみよう。

「てふてふが一匹韃靼《だったん》海峡を渡つていつた。」
（春）安西冬衛

「軍港を内臓してゐる」
（馬）北川冬彦

もっと最近の、現に活躍している方の作品を掲げてみよう。

父なる「時」と
母なる大地
そうよ　わたしたち
鋤《すき》と畝《うね》との
永久戦争
おれはもう　うんざり

空はまっくら
寝床は一つ
ちょっともこわくない?

血まみれの
原始の眠りのなかで
約束される誕生

あるいは繃帯をした
夜明けの柩

（祝婚歌）　鮎川信夫

結論を急ごう。現代詩の様態は多様であり、ぼくの主張のように「謎々」の如き卑猥なものと同一視することは、妥当ではないかも知れない。然し、「謎々」も時代の変遷によって、不安、焦燥、抵抗、それに思想の裏付け、更にはリズムさえ、考えようによっては可能であること、また、現代詩の起源の歴史は、他のジャンルに於いてではあるが、日本においても、古来より立派に存在していたということを立証したかったのである。

解説

詩業を貫く愛の思想
――『大貫喜也全詩集』に寄せる

石原　武

今、『大貫喜也全詩集』の厖大な詩と人生について、そのゲラを読み終えたところである。短い秋の日はとっぷりと暮れている。人が運命を生き抜いて、詩を書き残すことの重さを、闇の深さの中で考える。
唐突に、大貫さんの詩業の中から、第二詩集『愛と化身』所収の「白い螺旋と僕」という作品が明かりを求めて浮かびあがる。これは凄い詩だと思う。悪戦苦闘の第一詩集『黒龍江附近』のあと、数年、詩歴浅い大貫青年がよくぞ書きえた絶唱だと思う。ここには残酷な時代に翻弄されるまま、不運な運命に身を曝していく若者の姿が自嘲まじりの滑稽な文体で鮮やかに描かれている。大袈裟に言えば、寓話的な人間論の余韻がある。人間の弱さ、非情さ、罪深さが大貫さんの肉声で歌われている。その声を聞いてみよう。

『コ　コ　コ　コッ　コッ』
白い羽根のあるそ奴の悲鳴を聞くと
僕は目を閉じて　思わず両腕の力を弛める
(だめだ　一思いに　グイグイとやらなくては)
僕は臆病風に鞭打って　満身の力で　そ奴の胴に
白い螺旋をグルグルと巻く
そ奴は蒼白な口を開き　細長い舌をダラリと出す
(どうだ　参ったか　こら　こら　うーん)
『ケ　ケ　ケ　ケッ　ケッ』
(しまった!　そ奴は天に向かって訴えているのだ!)
一瞬　僕の手はキリストを処刑にした十字架の様に汚れて醜く見えた

鶏を牛耳る僕の悪戦苦闘ぶりを細密に描いているのだが、その軽妙な呼吸と心理的な危機感とのずれが詩的効果を上げていく。

僕の動悸は矢庭に高鳴り　睾丸はいやが上にも縮
　まる
（ああ　だめだ　とうてい――）
僕は自嘲しながら立ち上がりかけた　すると
そこへドヤドヤと大勢の跫音が聞えてきた
「キミーィ　やれないのか　やってやるぜ」
（ハアァ……）
彼等はその奴の足と羽根を太縄で縛り上げ
螺旋をムズと摑んでメスで鋭く切りつけた

ツータン
ツータン
（中略）
雪上に糸をひいて落ちる真赤な命滴

非情な世間の欲望に屈服する己の不甲斐なさに神を恨み、この詩「白い螺旋と僕」は、つぎの二行で終わるのである。

硬ばったその奴の亡骸の上にも
粉雪はヒヒと降り積もる

人間というものについて、その根源的な問いを、これほど身近な暗喩世界で表現しえた大貫喜也という詩人の天与の才能を、この一篇で私は諒解した。

大貫喜也さんの自筆年譜によると、彼の少年期、青年期の運命的な苦難は只事ではない。年譜に彼は単調に記録しているに過ぎないが、これほどの逆境を生き抜いた人は、この世にそうざらにはいまい。

大貫さんが十歳の時、父が結核で死に、その翌年、精神を病んで「納戸に隔離」されていた母が死に、孤児になったというのである。本当に只事ではない。十四歳の時、満蒙開拓青少年義勇軍に志願する。この開拓団こそ、戦争にのめり込んでいく日本のあの時代の悲しい歴史の一つなのである。私の育った甲府盆地の貧しい村でも農家の二男三男は、国民学校（小学校）の高等科の卒業をまたずに、満蒙開拓義勇軍として玄界灘を渡って行った。そして多くが帰れなかった。大貫少年は満州の不毛の原野で労苦を重ね、その揚句、敗残兵としてシベリア抑留の憂き目に遭うのである。厳寒のラーゲリで死線を彷徨う抑留生活の悲惨さは第一詩集『黒龍江附近』に見るとおりである。

それにしても、大貫喜也さんはこのような非情な運命を、ヨブのように、よくぞ生き抜いてきたと、今、老後を穏やかに生きるあの温顔に感動するのである。繰り返せば、『大貫喜也全詩集』の中で際立つ絶唱「白い螺旋と僕」において深く描ききった根源的な人間観、自己の卑小をわきまえ、不甲斐なさと罪深さを自覚し、運命を生きること、そのフィロソフィーに立ったからこそ、彼は苛酷な運命を生き抜くことが出来たのではないかと、私は信じている。

再び自筆年譜によると、大貫さんは二年数ヶ月のシベリア抑留から奇跡的に生還し、昭和二十四年から二年間、警視庁巡査として勤務する。そして昭和二十六年、二十五歳にして向学心のおもむくままに、明治学院大学英文学科に入学を果たすのである。私事に亘るが、私も明治学院大学の出身で、昭和二十四年入学、二十八年三月に卒業している。従って、大貫さんは私と同窓の縁である。しかも年上の後輩ということになる。しかし、大貫さんはすでに生死を賭す歴史経験を生き抜いて新たな世界に踏み出そうとしていたのに、私はただ凡庸な怠惰な学生に過ぎなかった。先輩面は今に到っても勿論できない。

明治学院は宣教師ヘボン博士の創設による専門学校で長い歴史をもつ。戦後、新制大学に改変されたが、昔と変わらずチャペルも、ヘボン記念館も、藤村自筆の校歌碑を囲む記念樹も、昔ながらで、伝統的な地味な学風を留めていた。

大貫さんはこの雰囲気が気に入ったようで、波乱にみちた少年期・青年期に受けた心の傷を授業や礼拝で癒したと思われる。白金台に立つ校舎は海軍墓地の森に通じていて、この辺りを逍遥したかもしれない。はっきりしているのは、この明治学院の生活で、彼は詩の想念を自覚したことである。

第二詩集『愛と化身』の「あとがき」と、第三詩集『眼・アングル』の「まえがき」によると、これらの作品群の中には、明治学院在学中に書かれたものが相当数入っているとのことである。大貫さんが在学していた昭和二十年代後期は詩壇的には戦後詩の勃興期で、熱気に包まれていたはずであるが、大貫さんはそういう流行に目を奪われることなく、心のおもむくままに詩的想念を深めていたように思われる。

例えば、ここに在学中に書かれた「行楽電車の中で」(詩集『眼・アングル』所収)という一篇がある。「男女学生の屈託のない笑い声が/車内中に溢れている/京浜急行のとある車輛の/通路の中央に蹲《うずくま》る/みすぼらしい服装をした年増の婦人」、そして詩は次のように続いていく。

日焼けの荒れた肌色
沈んだ表情をおおう節くれだった双の手
色褪せて乱れた洋髪《パーマ》
醜い瘤の様に空間をしめる
重量感のある大風呂敷

憂愁に塞ぎ込んだ横顔の線が
亡き母に似しものと
彼女の一挙一動を探る
気まぐれな私の同情の目

こうして、大貫さんの想念は彼の記憶に深く沈んでいた母の面影に及ぶのである。精神を病み納戸に隔離されたまま死別した母への悲しみが、彼の胸を塞ぐ。詩は技巧的な配慮などかまわずに、思いのままに、次のように続いていく。

乗客から注視される度毎に
彼女の苦難に歪んだ唇は
羞恥と恐怖の故に戦き
憐れに燻《くす》んだ影のある唇の
乾き切った眼窩の中に閃めく
彼女に纏《まつ》わるいたいけな子供達

大貫さんはもう彼女から眼が離せない。彼女の悲しみ深い闇に彼も心を沈めていく。母親に纏わって過した幼い日が記憶の闇から浮かび上がる。こうして、大貫青年は悲しみの底から、人への愛の自覚にいたるのである。

その後、教師として赴任した北の大地、北海道で書かれた大貫さんの膨大な詩業の基調になるのはこの愛の思想と言っていいと思う。そして、その詩的想念を培った明治学院の四年間、学寮生活を含めて、その研鑽の日々は、大貫さんの人間として、詩人として、生涯を決定づける意味をもっていたと思われる。

（『大貫喜也全詩集』所収）

誠実清明な北の詩人

若宮明彦

今、眼の前におかれた重量感のある全詩集を眺めながら、まず深呼吸をした。ここには詩人・大貫喜也の広大な詩的世界が鎮座している。この一冊の全詩集はまさしく詩人の人生そのものだ。一九二六年生まれの大貫喜也氏は、現在九十歳であるが、今なお現役の詩人としてご活躍されている。

はじめに、息子ほどの歳である私と大貫氏との関わりについて書くことをお許し願いたい。ここでは詩人と言うよりも、人としての大貫氏について、いくつかのエピソードを紹介したい。初めて大貫氏にお会いしたのは、一九八八年頃で、当時私は北海道大学の大学院生であった。詩人の原子修氏の推薦で、河邨文一郎先生が主宰される詩誌「核」に入れていただくことになった。重鎮河邨先生をはじめとして、米谷裕司氏、萩原貢氏、鷲谷峰雄氏など北海道を代表する詩人たちの前で、「核」のメンバーで最年少となる私は、極度に緊張していた。その時に柔和な笑顔で声をかけて下さったのが大貫氏であった。たわいもない話をしただけだが、本当にほっとしたのだった。その後、「核」のメンバーで韓国に行くことになったが、その時も気さくに声をかけていただいた。国境に近い観光地雪岳山《ソラクサン》の花崗岩の岩山を元気によじ登る大貫氏の姿が印象的だった。

その後、大貫氏は、一九九四年から一九九九年にかけて、北海道詩人協会の事務局長を務められた。当時の詩人協会は会員数が三百名を超える大所帯で、自宅を事務局とされ、各種行事の連絡、イベントの手配、印刷物の発送などに孤軍奮闘されていた。その時、私は会報委員長の職にあったので、協会記事の執筆、紙面の確認と、頻繁にお会いする機会も多く、若輩者の私に的確なアドバイスを下さった。この時期の詩人協会の隆盛を支えていたのは、まさしく事務局長の大貫氏の丁寧な仕事ぶりであった。

事務局長勇退後は、雑誌「詩と思想」の勉強会である「ボッセの会」（原子修氏主宰）に、お住まいの北広島から札幌まで根気よく参加された。勉強会の成果として、何冊かの詩集をまとめられた。その中でも第三十六回北海道新聞文学賞を受賞された詩集『黄砂蘇生』は、代表的なお仕事といえよう。その後も世界詩人会議に意欲的に参加されたり、各地の朗読会に参加されたりしておられる。

このように、ご縁は四半世紀にもなるのであるが、私が存じているのはご退職後で、それ以前の詩集は、今回初めて眼を通すものである。結局私がリアルタイムで知っていたのは、円熟期ともいえる後半の詩業にすぎない。今回の詩集には、十冊の詩集がまとめられているが、まずは最初にいただいた『小銃と花』（一九八六）から、『宙《そら》を飛んだ母』（二〇一一）まで五冊の詩集について触れてみる。その後、今回初めて読む機会を得た最初の詩集『黒龍江附近』（一九五四）をはじめとする詩集に言及したい。

まず、『小銃と花』は、詩人の戦争・抑留体験に基盤をおく詩集ではあるが、詩人が還暦の時の詩集でもあり、戦争や戦死に対する表現も多少柔らかくなっている。しかし、やはりその根っ子の部分には、生と死の修羅場を生き抜いてきた深く悲しい眼差しがある。あとがきで詩人は、「これらの作品は、私にとってどうしても書かなければならないものだった。私の体験を通して、戦争の実態を告発し反省することは、それが間接的には平和につながると思うからである。」と書く。ここでは、死の恐怖をリアルに描いた「たこつぼ」を引用しよう。

八月には珍しく長雨になった／遠雷のように　ときおり／とどろく砲声を耳にしながら／腰まで水

に浸り／たこつぼの中で／ひとり夜の任務につく／／濡れそぼって／襲いくる睡魔に耐えていると／「敵の大型戦車約百両／防衛線突破　後方にばく進中！」／受話器の側でがなり立てる／最前線からのいら立ちの声／／だが不思議と恐怖心はない／いや恐怖心を知らない程幼かったぼく／たこつぼから顔を出すと／闇の中で幽《かす》かに死の臭いがする／戦車のキャタピラで／夜明けまでには／ぼくも圧殺されているだろう

（「たこつぼ」全篇）

『年賀の中の十二支』（一九九二）も、またユニークな一冊だ。賀状にずっと書き続けた十二支にまつわる作品がこの詩集の骨子であり、第一部となっている。宇宙が第二部、少年時代が第三部となっている。大貫氏というと、戦争体験に基づく重厚な作品がメインと思われているが、独特のエスプリがきき、素材を上手く処理し、明解なレトリックをもちいた作品もある。このような作品には、巧みな話術を思わされる佳作も多い。

ここでは、「亥（猪）」を引用する。

四千万年という宿縁が／ゆるぎない習性となって／山へ　谷へ　今日も走らせる／おれ達はウリ坊一家／／ときに清澄を截《き》り裂き／地殻を揺する鋭い木霊《こだま》が／三半規管をおののかせて／おれ達の山は夜に作られる／／この径《みち》はいつも通る径／だけど今夜は違ったものを見てしまった／闇に翻った幼馴染みを／／ああ　山よ　谷よ　川よ／幻となるなえせになるな／おれ達の住《す》み処《か》はここ

（「亥（猪）」全篇）

『北の街』（一九九五）は、北都札幌と発展過程にあるその周辺の都市を描いた詩集である。系列から言えば、短詩も多くて、『年賀の中の十二支』に連なるものであろう。この時期、北海道詩人協会の事務局長という重責を担った大貫氏は、自宅の北広島から札幌まで出てくる事が多かった。その時車窓に広がる沿線の街並を対象として、これらの詩篇は生れたものであろう。優れた短詩が多い詩集でもある。ここでは、都市の景観を複眼的に描いた「カービングバード」を引用しよう。

都会は鳥の目には巨きな河だ　そして湖だ／色とりどりの水草が透けて見える真昼どき／ミジンコの群棲する水の中を／やはり色とりどりの熱帯魚が／列をなして行き来する／／鳥の目に夜の都会は水郷地帯だ／立ち込める光の海で視点は定まらないが／幾条もの水路《クリーク》が縦横に走り／暗礁は極彩色の怪しげな光を放ち／魚道には黒っぽい魚が列をなし／時に奇声をあげる

（「カービングバード」前半）

さて、次の『黄砂蘇生』は、後半の五冊において、最も充実した詩集と思われる。『小銃と花』ののち、詩人はエスプリに富んだ作品やレトリックを巧みに使った作品を書き続けてはいたが、大貫氏の心の深層には、『小銃と花』でも、まだ書ききれなかった想いが宿っていたのであろう。時代と社会と風土を半世紀以上にわたって見つめ続けてきた詩人の渾身の一冊でもある。声高に反戦や人間性を主張するのではなく、戦争や抑留の体験に裏打ちされた深い眼差しの作品は、何ものにも代え難い魅力と説得性を持っている。また、このような高い評価は、北海道新聞文学賞受賞という栄誉でも証明された。この詩集は、優れた作品が多いので、じっくり作品を読んでいただくのが良い。ここでは表題作の「黄砂蘇生」を引用しておこう。

夜来の強風が窒息した朝／誰だ――くぐり戸を押さえつけているのは？／押し出して顔を出すと／表で四股《しこ》を踏んで突っ張っているのは／人でも妖怪でもない　ひっそり閑の砂だかり／／ひんやりした外気を体じゅうに染み込ませて／おぼろな視線の焦点を合わせると／眼下には樹木一本遮るものがない／もえ黄色の大平原が／民家が点在する地

平線まで続き／地球の窓から顔を出したばかりの
太陽が／塩基《アルカリ》飛白の表土を薄紅色に染めて／生き
るものに活力をみなぎらせる／／ここは龍江省林甸《りんでん》
県王太帽子《ワンターモウズ》地区／洋草《ヤンソウ》が果てしなく地表を覆う低
地帯／低地の中の飛び石砂丘が人々の生活圏／土《つち》
葺《ぶ》き屋根の奇異　砂土外壁の白さ　日干し煉瓦
温突床《オンドルとこ》の温《ぬく》もり／／春先はゴビ砂漠からの強風が荒
れ狂う季節／乾いた砂嵐が三日三晩たけりたち／
植えつけたばかりの芋が露出し／とうもろこしや
小麦の種子は／覆土がらみ拐かされて行方知れず
／太陽はベージュ色の覆面を被せられておぼろげ
に／外では誰もが目を細め　口を真一文字に結
び　息を詰める／室内には窓枠から潜入した無機
質のおびただしい曲者

（「黄砂蘇生」前半）

最後に近作の『宙《そら》を飛んだ母』（二〇一二）である。ここでは、戦争体験よりももっと以前の幼少時代や少年時代へと対象が遡ってゆく。特に母や父、兄弟や親戚との思い出が優しくも切なく描かれている。ここでは、両親との別離を描いた哀切な作品「きら星の記憶」を引用しておこう。

それらはいつも遠くからやってくる／ひそやかに
次々と素速く／瞬時に現われては　程なく消え失
せ／磁気テープのように再生を繰り返す／／記憶の
海からは　我先にと悔恨や悲しみの顚末《てんまつ》が飛び出
す／父親の強圧的な阻止にすずり箱の小刀で盾突
いた幼年どき／十代の初め　病床にあった父の
死　そして相次いだ母の死／それからは　古里の
豊かな自然環境が私の揺り籠

（「きら星の記憶」前半）

以上を振り返って、大貫氏の第一詩集『黒龍江附近』から第五詩集『死への遊牧』までを辿ってみた。これらを振り返って思ったのは、詩人の原点は常に処女詩集にあるといわれるように、抑留詩集とも名付けられた『黒龍江附近』におおいなる衝撃を受けた。この詩集は、第二次世界大戦末期に召集され、中国東北部で敗戦を迎えたものの、越境して来たソ連軍にとらえられ、シベリアに抑留された過酷な運命を記したものである。これらの作品は、表現的にはやや未消化で、洗練されたものではないが、そこには抑留者としての、喜怒哀楽が写実的に綴られている。次に作品を引用してみる。

名も知れない黄色な草花の咲いている／早春のブラゴベシチェンスクの岡の辺に／戦友の亡骸を葬って／街並の遥か彼方を見仰ぐれば／今日もまた／黒龍江の上を真白な一連の雲が／悠久の流れに沿って／ゆるやかに流れてゆく／／黒ずんだ豊かな流れ／静かに行き交う帆掛舟／／対岸の陽炎の丘陵《おか》を見はらせば／二頭牽きの馬車《マーチョ》が軽快に走っている／／蒼空一杯に沸き立つこの郷愁／疼く懐旧の念／／私はいつまでもそれ等にみとれていた

（「ノスタルジヤ」全篇）

ところで私は、半年ほど科学アカデミー極東支部（ウラジオストク及びハバロフスク）に留学したことがある。そのときはアムール川（黒龍江）を眺めながら暮らしていた。もちろん大貫氏が抑留されていた時とは、状況は全く違うが、このような作品を読むと、やはりロシアの淋し気な風土を思い出す。この詩集からは、敵地において希望から絶望、絶望から回復をへて帰国するまでの葛藤を真摯に感じ取ることができた。抑留体験を、詩でまとめた貴重な労作といえよう。

シベリア抑留から帰還して活躍した代表的な戦後詩人といえば、石原吉郎がいる。彼のエッセイ集『望郷と海』（一九七二）を再読したのだが、その中にある次の言葉に勇気づけられた。「ほんとうの悲しみは、それが悲しみであるにもかかわらず、僕らにひとつの力を与える。僕らがひとつの意志をもって、ひとつの悲しみをはげしく悲しむとき、悲しみは僕に不思議なよろこびを与える。人生とはそうでなくてはならないものだ」。

おそらく大貫氏もこのような〈ほんとうの悲しみ〉を幾度も体験されたのであろう。

大貫喜也氏の六十年におよぶ詩的世界を逍遥して思うことは、当時詩人がどのような境遇にあるにせよ、常に真摯に時代と向き合い、誠実な言葉を血を吐くように綴ってきたことだ。つまり大貫氏は、悲しみを喜びに変える方法を厳しく磨き、自分自身を着実に成熟させてきたということだ。今後も健康にご留意され、北海道を代表するベテラン詩人としてご活躍されることを念じている。

（『大貫喜也全詩集』所収に一部加筆）

大貫喜也自筆年譜

一九二六年（大正十五年・昭和元年）　当歳

六月十日に山形県北村山郡宮澤村（後《のち》に尾花沢市に編入）大字高橋字中沢の地主大貫寛之輔・エイの次男として出生。

一九三三年（昭和八年）　七歳

四月、村立高橋尋常小学校に入学。

一九三六年（昭和十一年）　十歳

二月、私が十歳の時に、結核を患って自宅療養をしていた父が享年四十歳で死亡。東京在住の叔父夫婦一家を呼び寄せたので、双方の子供は八人、大人はお手伝いや子守（三人）、若い衆（住み込み三人）を含めて九人の十七人という大家族になり、賑々《にぎにぎ》しく、学校が休みの日などは母屋続きの蔵《くら》の二階に籠《こ》もり、唯一の窓明かりで、青森の叔父が送ってくれる「少年倶楽部」を耽読《たんどく》したりしていた。更に父死亡の翌年二月、精神を患い納戸に隔離されていた母が享年三十六歳で病死し、私達兄弟四人は孤児になってしまった。

一九三九年（昭和十四年）　十三歳

四月、村立明徳高等小学校に入学。二年の時に当時国策であった満蒙開拓青少年義勇軍を志望し、昭和十六年三月卒業式を待たずに郷土中隊を結成し、山形市内の県会議事堂で壮行式をして、茨城県の内原訓練所（所長・加藤完治氏）に入所し、陸軍幼年学校並みの訓練を受けたが、約二カ月後、後続の中隊を入所させる為、福島県西郷村の陸軍演習廠舎に移行し、三カ月の訓練を経て、一旦山形市に戻り県の護国神社で壮行式を行い、内原訓練所に戻り、東京の宮城広場で遥拝し、伊勢神宮にも参拝し、下関からは連絡船、釜山《プサン》からは朝鮮半島や旧満州国を汽車で縦断し、七日目に牡丹江省綏陽《すいよう》県土城子の「青年義勇隊満鉄紫陽《しよう》訓練所」に入所し、南満州鉄道株式会社の支援を受けながら三カ年農作業や軍事訓練を積んで、西部の龍江省林甸《りんでん》県王太帽子地区に入植。モンゴルに近いので、春には中国からの黄砂がひどくアルカリ性の強い土地で、木一本石塊《いしくれ》一個ない土地で、先住者には移住してもらっての開拓団建設でした。小生は林甸県公署に駐在員として出張。

一九四五年（昭和二十年）　十九歳

ソ満国境では情勢が緊迫していたせいで、チチハルの陸軍病院で一年繰り上げの徴兵検査を受け、五月に現役兵として黒河省の孫呉《そんご》（ソ連との国境沿い）で新兵教育（三カ月）を受けるも、一カ月早く小高い山の陣地で塹壕や地下兵舎を造ったりの労働（もっこ担《かつ》ぎ）でした。結局、陣地の私達は天皇の「戦争終結の詔書」放送を聞いていないが、武装解除（小銃を野積み）して里の将校宿舎に分散して入ったところを有刺鉄線と機関銃に取り囲まれて捕虜にされ、ウラジオストクから船で帰すと騙《だま》されてソビエトに渡河させられ、第二十地区ミハイロの第九分所ラーゲリを初《はじ》め五カ所の収容所を転出し、昭和二十二年十月ナホトカ港より舞鶴港に帰国して、二年数カ月振りに懐しい祖国の土を踏んだ。新聞で「日本歌道会」の作品公募を知り、作品を二篇『昭和歌人名鑑』に掲載させていただきました。

一九四九年（昭和二十四年）　二十三歳

二月、警視庁巡査に任命され、丸ノ内警察署勤務で東京駅前や皇居の二重橋前交番ばかりでなく、GHQ（マッカーサー元帥）の警備で戦後の日本社会の混乱ぶりを身に染みて感じた。署内に居住していたので、夜間は駿台学園高等学校に通い、高卒の資格を取得しました。

一九五一年（昭和二十六年）　二十五歳

四月、明治学院大学文学部英文学科に入学。翌年、川崎市檜ヶ崎の学生寮に入舎。

一九五四年（昭和二十九年）　二十八歳

ある日、受講を終えて帰寮すべく品川駅で大井町線に乗車した時に、「日本未来派」の詩人・上林猷夫《かんばやしみちお》氏の隣に座ったのが縁で知り合い、会合ばかりでなくご自宅を訪問した折に、シベリア抑留の詩集を出すように勧められ、大学四年の七月に第一詩集『黒龍江附近』（協栄堂書店）を出版。

一九五五年（昭和三十年）　二十九歳

十月、景気が不順なうえ年かさも加わって、望む職につけず困惑していたところ、郷里の知人を通して就職希望を依頼していた北海道紋別市小向中学校の及川慶治校長（俳人）から「採用するから来道するように」との書簡が生家に届いた。面接なしの採用と受け止め、直ちに実家に戻り北海道に渡り任用になった。そして担任の生徒達にも詩の指導をしてガリ版刷りの小さな詩集『ひろば』を作り、京都府船南中学校三年の「すみれ」詩友会と作品集や物産の贈答をして新聞記事になりました。

一九五八年（昭和三十三年）　三十二歳

四月、親友の紹介で郷里の嘉規英子《ひでこ》と結婚。

一九六一年（昭和三十六年）　三十五歳

六月、詩集『愛と化身』（光線書房）出版。

一九六二年（昭和三十七年）　三十六歳

五月、名寄高校に転勤になり、富田正一氏の「青芽」同人として活躍、この頃飯塚書店の月刊詩誌「現代詩」の新人賞（鮎川信夫選）に応募し、佳作入選。中央の商業誌に大きく載せていただき光栄でした。また、先任・小向中学校のPTA会長の方が見えられて、校歌を作って欲しいとの事でしたので作詞しました。

一九六三年（昭和三十八年）　三十七歳

九月、詩集『眼・アングル』（光線書房）出版。第一回北海道詩人協会賞。

一九七〇年（昭和四十五年）　四十四歳

道南の長万部《おしゃまんべ》高校に転勤。

一九七一年（昭和四十六年）　四十五歳

七月、国際教育交換協議会の夏期教員海外研修講座で、ミシガン州立大学における「英語研修講座」に参加し、ニューヨークやワシントン、シカゴばかりでなく、一般家庭に宿泊して、アメリカの高校に通うということもありました。私が泊まったお宅は夫婦と娘さんだけで、奥様が自家用車で通勤の教員なので、毎朝私を高校まで送り、夕方は迎えに立ち寄って下さるので、大助かりでした。娘さんはと言うと軍人か軍属かは語らず、ベトナムに派遣されているとの事で、娘さんの空き部屋が小生の居間にされました。外《ほか》にもう二軒民泊してサンフランシスコまでの米国縦断バス旅行をしました。ここで翌朝、あの有名なゴールデン・ゲイト・ブリッジを眺めていたら、黒人から声を掛けられて、日本庭園や外《ほか》の名所も案内されて、ホテルに戻ったらお金をせびられ、後《あと》で引率者に話をしたら、「気をつけなさい」と注意されました。

一九七七年（昭和五十二年）　五十一歳

十一月、詩集『幽愁原野』（北海詩人社）出版。日本図書館協会選定書。

一九七八年（昭和五十三年）　五十二歳

札幌に近い当別高校に転勤になり、この頃「週刊ポスト」（小学館）に「日本人が忘れてしまった飯の話」（解説・木津川昭夫氏）を発表。

一九八二年（昭和五十七年）　五十六歳

四月、詩集『死への遊牧』日本現代詩人叢書36（芸風書院）出版。

一九八四年（昭和五十九年）　五十八歳

自宅に近い恵庭北高校の勤務になり、住まいも北広島市の自宅に転居し、市内で詩誌を発行していた浅野明信氏「北海詩人」の同人となる。

一九八六年（昭和六十一年）　六十歳

七月、詩集『小銃と花』（思潮社）出版。

一九八七年（昭和六十二年）　六十一歳

三月、定年退職。四月より市内に開設された札幌日本大学高校の非常勤講師（後で常勤）になった。同人詩誌も「核」（河邨文一郎先生）の仲間入りをして詩作にいそしんだ。そして北海道詩人協会の事務局長を内助の協力を得て六年間勤め上げた。

一九九〇年（平成二年）　六十四歳

十月下旬、韓国文人協会理事長・趙炳華氏の招待で、

「核」の同人（道内と東京、大阪など）が韓国を訪問し、韓国の詩人達と交流した。

一九九一年（平成三年）　六十五歳
五月、詩集『年賀の中の十二支』（思潮社）出版。

一九九五年（平成七年）　六十九歳
九月、詩集『北の街（札幌市と近郊都市）』（北方圏詩社）出版。

一九九六年（平成八年）　七十歳
教員をすべて退職したこの年に、ＷＡＡＣ（世界芸術文化アカデミー）の第十六回世界詩人会議が群馬県前橋市（萩原朔太郎の出生地）で開催され出席したのがえにしで、第十七回目は韓国ソウル市で、第十八回目はスロバキア・ブラチスラバ市で、第十九回目はメキシコ・アカプルコ市で、第二十二回目はルーマニアの北東ヤシー市で、第二十三回目は台湾の台北市で、第二十四回目は再度韓国のソウル市で、第二十五回目は米国のロサンゼルス市で、そしてこの会合の終了式で小生は「名誉文学博士」の称号を受賞した。そして第二十六回目はモンゴルのウランバートル市で、更に第二十七回目は印度の南部都市チェンナイ（旧マドラス）での会合に出席したのを最後に、高齢に配慮して世界詩人会議への出席を断《た》った。

二〇〇二年（平成十四年）　七十六歳
八月、詩集『黄砂蘇生』（思潮社）出版。第三十六回北海道新聞文学賞、北広島市文化賞。

二〇〇四年（平成十六年）　七十八歳
英・仏語対訳『THE COSMOS』（スタンダード　パブリッシュイング　ハウス・ルーマニア）出版。

二〇〇五年（平成十七年）　七十九歳
英・スペイン語対訳『EL COSMOS』（スタンダード　パブリッシュイング　ハウス・ルーマニア）出版。

二〇〇九年（平成二十一年）　八十三歳
日・中国語対訳『精選大貫喜也詩集』羅興典選訳（南京市・訳林出版社）出版。

二〇一一年（平成二十三年）　八十五歳
十月、詩集『宙《そら》を飛んだ母』（思潮社）出版。

二〇一三年（平成二十五年）　八十七歳

十一月下旬、「長年に亘《わた》る詩の創作と出版及び国際文化交流」に対し、北海道文化団体協議会より「芸術賞」を拝受。付け加えると、総会は滝上町の「文化センター」で開催されたが、ここの山肌は「芝桜」の開花が有名で新聞に報道されているので、小生があこがれて単独で数年前に訪れて作詞し、銀座の「日本作曲家連盟」に作曲してもらったものでした、と挨拶で言及したら、参加者に喜んでいただけました。

二〇一四年（平成二十六年）　八十八歳

六月、『大貫喜也全詩集』（土曜美術社出版販売）出版。

二〇一六年（平成二十八年）　九十歳

群馬県の世界遺産である富岡製紙工場での『文芸シルク展、絹の言《こと》の葉、作品集』に小生の「花木に囲まれて居たい」の作品が展示されたので、三月の連休を利用して長女と訪れたが、訪問者で賑《にぎ》わっていた。

刊行詩集

●（国内から）

『黒龍江附近』一九五四年、協栄堂書店（抑留詩集）

『愛と化身』一九六一年、光線書房

『眼・アングル』一九六三年、光線書房

（第一回北海道詩人協会賞）

『幽愁原野』一九七七年、北海詩人社

（日本図書館協会選定書）

『死への遊牧』一九八二年、芸風書院（日本現代詩人叢書36）

『小銃と花』一九八六年、思潮社

『年賀の中の十二支』一九九一年、思潮社

『北の街（札幌市と近郊都市）』一九九五年、北方圏詩社

『黄砂蘇生』二〇〇二年、思潮社

（第三十六回北海道新聞文学賞、北広島市文化賞）

『宙《そら》を飛んだ母』二〇一一年、思潮社

『大貫喜也全詩集』二〇一四年、土曜美術社出版販売

●（外国から）

英・仏語対訳『THE COSMOS』二〇〇四年、スタンダード　パブリッシュイング　ハウス・ルーマニア

英・スペイン語対訳『EL COSMOS』二〇〇五年、スタンダード　パブリッシュイング　ハウス・ルーマニア

日本・中国語対訳『精選大貫喜也詩集』二〇〇九年、羅興典選訳、南京市・訳林出版社

所属

日本詩人クラブ永年会員、日本現代詩人会会員、日本文藝家協会会員、北海道詩人協会理事、世界環境文学協会理事、北広島市東部文化協会会員、世界芸術文化アカデミー会員（名誉文学博士）

現住所

〒061―1141　北海道北広島市青葉町二―一―七

新・日本現代詩文庫 131 大貫喜也《おおぬきよしや》詩集

発 行 二〇一七年二月一日 初版

著 者 大貫喜也
装 幀 森本良成
発行者 高木祐子
発行所 土曜美術社出版販売
〒162-0813 東京都新宿区東五軒町三—一〇
電 話 〇三—五二二九—〇七三〇
FAX 〇三—五二二九—〇七三二
振 替 〇〇一六〇—九—七五六九〇九
印刷・製本 モリモト印刷
ISBN978-4-8120-2350-1 C0192